品牌顶层设计

从连锁餐饮企业洞察战略品牌全流程管理

刘述文 ◎ 著

中国纺织出版社有限公司

内 容 提 要

当前,消费者和市场环境都在不断发生变化,但不变的是,品牌的作用在不断增长。创业者在思考该如何创建自己的品牌;中小企业在思考该如何壮大自己的品牌;大型企业在思考该如何保持品牌的优势地位和活力以实现永续经营。

在此背景下,本书以餐饮连锁企业为主要研究对象,深入探讨中国企业的品牌顶层框架系统设计,目的在于找到品牌运作的常识以及可以复制和移植的经验。本书主要介绍了品牌顶层设计的三个重要组成部分、新消费品牌战略和品牌焕新战略、品牌战略运营和品牌走出去战略,语言简洁、内容充实,可供企业管理者、品牌管理者等相关人员借鉴和参考。

图书在版编目（CIP）数据

品牌顶层设计/ 刘述文著. --北京：中国纺织出版社有限公司，2023.4
ISBN 978-7-5229-0436-8

Ⅰ. ①品… Ⅱ. ①刘… Ⅲ. ①企业管理—品牌战略—研究 Ⅳ. ① F272.3

中国国家版本馆CIP数据核字（2023）第051584号

策划编辑：曹炳镝 李立静　　责任编辑：史 岩
责任校对：高 涵　　　　　　 责任印制：储志伟

中国纺织出版社有限公司出版发行
地址：北京市朝阳区百子湾东里 A407 号楼　邮政编码：100124
销售电话：010—67004422　传真：010—87155801
http://www.c-textilep.com
中国纺织出版社天猫旗舰店
官方微博 http://weibo.com/2119887771
天津千鹤文化传播有限公司印刷　各地新华书店经销
2023 年 4 月第 1 版第 1 次印刷
开本：710×1000　1/16　印张：13.25
字数：145 千字　定价：58.00 元

凡购本书，如有缺页、倒页、脱页，由本社图书营销中心调换

导读

品牌的英文是"brand",为"烙印"之意。品牌是产品的牌子,是指消费者对某类产品及产品系列的认知程度;同时,品牌是一种图形符号、一种识别标志、一种精神象征、一种价值理念,是品质优异的核心体现。

一个人如果喜欢美食,就会关注好吃的东西,这就是其作为一个消费者的偏好。人人都有偏好,有消费偏好的人形成一种共识,就促进企业诞生了品牌。品牌如果有了全流程的管理系统,经过验证,十分有效,就能够成为不受地域和文化限制的全国或全球品牌。

创立品牌就是建立一种群体关系。品牌企业建立一种不受绝对控制的抽象关系网络,这对经营者来说是一个挑战。群体关系是活跃的,是需要企业投入成本去维护滋养的,是一个看不见的共识。企业为这个共识花费许多钱,而这些钱不是存储在公司的账户里,而是存放在用户的心智里,在非品牌人士看来,这是一件不靠谱的事情。从"入袋为安"到"出袋为安",这个新账很容易让人发蒙。

对于创作一本针对中国企业的品牌顶层框架系统设计的书,从发心到执笔,已经经过了十年的时间。所有实战和追随理论都是为了找到品牌运作的常识,找到可以复制和移植的经验,再将其变成文字和朴素的模型,这是本书想要表达的内容。

我们总是说品牌定位和用户心智占位，但我在做咨询的过程中发现了一个事实，一些企业品牌经营者的品牌心智模式有问题，他们认为品牌等于卖产品。这是典型的品牌落后思维，也是弱势品牌思维，一个没有顶层设计的品牌注定是弱势品牌。

弱势品牌，谁都能做，谁都在做，人人都是品牌，这意味着没有品牌。其实分辨出强势品牌和弱势品牌的方法很简单：强势品牌拥有一定的定价权，越卖越贵，有一定的溢价能力。强势品牌可以比弱势品牌卖得更贵，但不会流失用户，而弱势品牌一旦涨价，用户就作鸟兽散，这是作为弱势品牌悲哀的地方。

尽管大家都喜欢短期实惠，对于"战略"两个字有一些抗拒，但品牌运营是需要战略能力的，这句话作何理解？可以这么说，品牌运营要考虑企业内所有的因素，并且能够将所有经营管理因素整合起来，硬能力和软能力，包括产品、名称、包装、价格、口碑、服务人员的语言表达方式，甚至人的行为等，都需要变成一个整体，而这种综合能力要求企业必须成为一个整体，一个有协同能力的整体。

这种整体运作能力，就是本书要表达的主题。完成品牌战略整合之后，跟随而来的就是品牌资产概念。企业要将品牌资产贯穿于企业的品牌营销活动中。企业营销不仅是要卖出产品，还含有两项战略目标，即建立品牌和管理品牌资产。品牌营销活动和普通的营销促销活动不同，销售产品就是产品交易，不涉及价值观的传达，但是品牌营销却是一整套的传达模式组合，其需要一个完整的战略系统来确定品牌运营流程。

确定品牌要素，实现整合营销传播，建立多个次级品牌，和主品牌形成互镀关系；建立企业品牌和产品子品牌矩阵等，形成一个组合，这需要运用金融资产思维来建立数据模型。对品牌资产进行量化评估，既要符合企业的经营数据，也要符合一般的品牌资产的评估模型。

2021年，全球品牌价值最高的企业是亚马逊，品牌总价值为6830亿美元。如果说老板手里有什么东西可以证明这个品牌值这个钱，大概就是一个保险柜就能完全装下的几个产权证明，剩下的都是看不见的共识。

品牌资产在自己的企业中发挥了多大的价值，这是一个关键参数。对于品牌资产的评估，一方面要看企业的财务营收，另一方面要看品牌对企业财务成果的影响力，这是一个百分比值。这里形成一个简单的算法：去掉品牌，企业还能靠其本身的吸引力销售多少？不同的企业百分比值不同，大体上能够评估出一个企业的品牌资产价值。

在创作这本书的过程中，我选择了竞争门槛比较低、市场竞争白热化的餐饮连锁企业作为品牌顶级设计的主要研究对象，并辅以其他案例。原因当然可以解释，餐饮行业是一个足够大的行业，仅以国内市场为例，一年产值就有4万亿元，另外，该行业同质化竞争十分严重，经营环境充满不确定性，社区里或者街区里，餐饮企业随时开业，随时倒闭，这给我提供了品牌研究的视角。

餐饮行业涉及一个很长的生态产业链，其中不乏鲜活的案例，多个品牌学术圈的人士建议我长期跟踪连锁餐饮品牌，理由只有一个：餐饮行业是鲜活的，能够为品牌研究者提供所有的观察视角。国际学者喜欢研究麦当劳，研究它们背后的架构，也是基于同样的思考。

在品牌营销领域，有无数理论可以提供支持，而理论必须服务于现实。随着经济环境复杂化，品牌顶层设计需要面对现实和面向未来，重塑品牌经营者的品牌思维，搭建品牌战略结构，并且形成战略共识，在共识基础上设计品牌管理系统。

基于此，本书分为7章，其中，品牌战略定位是企业整体发展战略的方向性定位，是品牌战略设计的起始点；品牌营销战略是品牌顶层设计的重要部分，是打造核心竞争力的关键；品牌认知战略是从培养消费者认知角度来谈如何规划品牌营销操作。这是品牌战略设计的三个重要部分，也是重要构成。新消费品牌战略与品牌焕新战略是从新品牌与老品牌两个角度，来分别阐述品牌战略的设计与实践过程；单一品牌矩阵战略、品牌雁阵战略、品牌榕树战略是从品牌战略纵深角度谈及的三种品牌战略运营结构；原产地品牌战略和全球化品牌战略是围绕品牌走出去的战略讲述的两个内容方向。

刘述文

2023年1月

目录

第一章　品牌战略定位
一、战略思维认知 ··· 3
二、品牌经营：从商品到感知的飞跃 ············· 11
三、企业战略模型与品牌定位 ························· 15
四、从品牌五大原理认清品牌本质 ················· 24
五、企业战略定位的三大新原则 ····················· 28

第二章　品牌营销战略
一、品牌营销战略的新想定 ····························· 35
二、品牌营销战略流程设计 ····························· 44
三、品牌营销的流程控制 ································· 54
四、品牌营销的效能衡量和精确管理 ············· 60

第三章　品牌认知和新传播战略
一、品牌认知定位怎么做 ································· 69
二、媒介力量与品牌传播突围 ························· 80
三、品牌叙事战略和基础三板斧 ····················· 94

1

四、案例实战，品牌经营关键成果管理 ………………………… 102

第四章　新消费品牌战略
一、生活方式变迁与新消费品牌 ………………………………… 115
二、审美再定位和用户情感表达 ………………………………… 122
三、新消费品牌的渠道设计与互动 ……………………………… 126

第五章　品牌焕新战略
一、认知品牌焕新 ………………………………………………… 135
二、产品焕新战略 ………………………………………………… 137
三、顾客认知焕新战略 …………………………………………… 142

第六章　品牌战略运营
一、单一品牌矩阵战略 …………………………………………… 149
二、品牌雁阵战略 ………………………………………………… 158
三、品牌榕树战略 ………………………………………………… 168

第七章　走出去战略
一、原产地品牌战略 ……………………………………………… 181
二、全球化品牌战略 ……………………………………………… 191

后记

第一章
品牌战略定位

品牌战略定位的最终目的是销售，品牌的价值最终需要在财务领域体现出来。做品牌企业，意味着企业内部有一种文化，需要承认企业的权力已经转移到消费者和客户手中，这种认知是180度的翻转。翻转之后，重新定位、重定战略、承认权力转移、锚定顾客生活全场景，所有活动都在经营者和顾客同频的同理心下展开，有助于企业朝着统一的方向行动，更顺利而快速地达成经营目标、成就品牌，最大限度地少走弯路、规避损失。

一、战略思维认知

企业战略和企业品牌战略，哪一个是上位战略？

不回答这个问题，我们的战略就是混乱的，战略冲突是企业领导层面临的最致命的问题。我认为：品牌战略是一整套的系统体系，企业要么不要去碰，要是碰了，所有的品牌战略流程就应被纳入企业战略中。

这就是品牌的顶层逻辑。

品牌战略和企业战略的关系是完全合一的，这引导出了本书的第二个品牌运营系统——全流程品牌管理。

全流程品牌管理意味着经营者不必纠结哪些属于品牌管理、哪些不属于品牌管理，因为品牌战略贯穿企业所有活动。

1. 影响企业运营的战略三角：认知、资源和能力

战略就是选择做什么和不做什么。在战略定位时，有三大要素直接影响战略选择，分别是：认知、资源、能力。其中，认知为战略创造优势，资源支撑战略执行过程，能力保障战略的最终实现。

（1）认知

企业一旦进入品牌运营，一切运营哲学就变了。品牌的生存和发展逻辑虽然离不开产品，但产品运营系统只占整个系统的一半。这种一半为虚拟资产、一半为实体资产的新资产组合，对于绝大多数人来说，是一个认知挑战。

一家接受咨询的著名连锁餐饮企业的品牌经理说："虽然整个品牌顶层设计系统带有品牌经营本位的想法，我接受品牌运营本位的理念，并在每一个顾客关系事件处理过程中，优先保护公司品牌，但是基层门店的人并不理解管理层为什么要这么做，于是我们就编了一个通俗的故事去说服他们。三个好姑娘就在面前，我们要做决定娶其中的一位姑娘，在决定娶这位姑娘的同时，就会自动产生放弃另外两位的想法。娶一位姑娘不是瞬间的决定，而是男人一生的承诺。明媒正娶，所有仪式都要走完，有决心和意志去维护两个家族关系的和谐，爱惜对方，将爱惜和爱护变成一生的行为，贯穿到每一个日子里。"

对于企业战略和企业品牌战略的认知，不应该只在高层管理者的脑子里，而需要变成通俗的叙事故事，成为企业内所有人的认知模式。认知领域的实践可以转变为一种"思想工作"，将认知变成共识的过程，才是战略落地的过程。一些强势品牌和一些弱势品牌的根本区别在于企业战略的优劣，以及战略贯彻到基层的能力。

我选择餐饮连锁企业作为品牌顶层设计系统的案例，有这样一方面的思考，每一个餐饮连锁企业每天都有大量的顾客服务活动，而且其基层员工的学历水平相对于高科技行业会低一些，产业具有多层次的生态性。从我服务的企业来看，很多高科技企业员工往往具备自我管理能力，企业进行管理主要是协同赋能，而餐饮连锁企业的员工很多是被动管理，需要被事事布置、事事检查。在这种企业环境中成长起来的强势品牌更加值得思考和研究，而研究这些案例，可以更加贴近人性和商业的本质。

战略加执行如何和普通劳动者结合在一起，这是我十年来一直在思考的问题。认知是企业战略框架中的灵动因素，影响着战略三角的权重变化。企业在战略层面上引入关键人才，或者领导层通过锐意进取，打破自身的旧的认知框架、实现认知突破，这在企业经营中都是可喜可贺的事情。

企业的战略认知升维的最大来源，不是书本，也不是自悟，而是和顾客在一起互动的激发式学习，实现一种不可言说的洞察。认知是一种先行者的体验，凡是总结出来的战略，诸如"信息找人"模式，"让货找人"模式，都是后知后觉。所有的企业都在追求认知领先，但实现的路径只有一条，即在真实场景中去调查研究，我将其称为"沉浸式调查"。

（2）资源

管理领域有一句很核心的话语：管理就是根据事实做决策。认清企业资源的局限性，是决策有效的前提。

资源是人力、财力、物力等各类资财的总和，分为一般资源和核心资源，资源和资源之间，其价值有云泥之别。资源战略领域有一个重要的工作，就是将企业已经拥有的资源进行排序，认识清楚该珍惜什么样的资源，"不要在无效的战略方向上浪费资源"。

资源不仅仅体现在财务统计中，只有很好的经营者才知道资源的变通性。经营的本质就是创造性地使用这些资源，形成新的资源组合。从资源战略看品牌战略，事实上，对于企业来说，品牌战略就是一种资源组合。

一个餐饮门店的小老板很清楚什么是活钱，什么是死钱。日常经营的小老板看到了活钱的拓展性，社区里面的常客能够带来活钱，服务关系好的客户能够带来新的客户，这些客户一来，老板就会出来服务，表示尊重，央求帮助多做宣传，这就是背后逻辑，即对于资源重要性的朴素认知。一道能让方圆几十里的客户专门驱车而来的菜，就是门店的关键资源。能够在关键资源上做变通，不断积累优质口碑的经营，就是朴素的社区品牌经营。

（3）能力

从企业家精神的视角来看，企业家就是致力于将旧资源做出新组合的人。不同的组合体现出不同的盈利能力，造成经营者之间的差距。企业战略依赖的能力，是经营者本身的综合能力。战略一旦制定，就意味着企业将在今后的很长一段时间里处于战略实施阶段，体现为战略能力需要和管理能力配伍。管理能力需要和经营能力配伍，这一系列能力链的传递，需要通过运营成果体现出来。

品牌战略和企业战略不同，品牌战略一旦实施，企业立即转入全员营销状态，而且这必然是一种常态。品牌战略是持续性的常态化的实施行为，需要贯彻到企业所有活动中，这种全员动员能力在一开始就是一个挑战。在几年甚至十几年的品牌运营中，将品牌行为识别系统贯彻到每一个人，成为每一个人的自觉，是一个长期的挑战。

在以认知为核心的战略构建中，企业在研发、管理、营销、文化等方面的能力会得到持续提升，甚至形成某种竞争对手难以模仿和超越的优势能力、核心能力。企业的品牌会在认知、资源和能力三者的共同影响下得到持续的累积，形成企业的品牌资产，持续扩大企业品牌的影响力。

2. 身份——战略定位的起点

战略定位就是企业表明自己服务于谁的问题，可以理解为对于自己目标用户的表白。一个已经在谈战略的企业，其企业战略定位问题就会显露出来，也就会有竞争性的战略定位需求。定位理论的实施基于他者，其需要针对目标用户的心智，洞察目标用户的需求，从而让企业的战略定位符合用户的身份。

社会身份是社会学术语，战略定位谈及的是用户身份，这是被品牌经营者忽略的领域。消费者购买品牌，也就定义了品牌，品牌反过来也定义了消费者的身份，这是一个隐藏的战略闭环。身份标识又是社会地位的隐秘表达，这就是消费社会的秘密。这里涉及一项对于人类行为的洞察：人需要在人群之中将自己区分出来，越有社会地位的人，这种需求越强烈。

传统战略定位的实施，仅仅是企业的一种宣誓行为，其日常管理行为并不遵从其战略定位所宣称的选择。品牌本质上是一种身份表达，用户的画像被画得很细腻，对于目标的代入感就会很强，一直强到成为用户心智的唯一选择时，强势品牌就形成了。

企业的产品因素、人的行为因素、企业的服务因素，都需要和这种用户身份相符合。品牌带有一种身份气质，这种气质，无法用一句话表达，但贯穿于企业的管理进程中。

战略定位实施的时候，企业品牌自己就会说话。海底捞是中国知名火锅连锁品牌，在成都简阳，第一家火锅店就开在一条狭窄的街上。创始人张勇在思考如何从火锅王国中脱颖而出之后，茶水、干果瓜子、美甲、采耳等配套服务开始在店内实施，专门的前端服务员服务于前端的顾客需求，解决用餐前等待过程中顾客的个性需求。这样的行为立即让顾客感受到海底捞这家店和其他店的不同，在这里有一种全程被尊重的感觉，这种尊重让用户在邀请亲友吃饭时第一时间想到海底捞。这样，海底捞这个店自己就会说话了。

在今天看来，这仅仅是对前端服务做了一个延伸，并不是了不起的创新，但正是这些标准化服务的实施，符合了顾客消费升级的愿望，也暗暗提升了消费档次，顾客觉得这里比其他火锅店贵一些是有道理的，这符合自己作为消费者的身份。如今，海底捞已经成为一个知名的连锁餐饮品牌。

一个初创企业，其战略还没有经过市场验证，此时其并不需要过度关注战略，而应该关注存活需求。这时候，企业的能力和竞争者的能力是同质化的，一家重庆小面很难和另一家重庆小面区分开来。吃面的人身份是模糊的，上至总统，下至百姓，吃一碗面，除了解饿，没有其他需求。但同样是一家店，巴黎的花神咖啡就成为著名的打卡地。近100年来，这家店见证了无数的故事，甚至见证了历史。可见，线下的单店经营也可以进行战略定位，成为某一类人身份的象征，这是无数小微企业的机会。

总之，企业通过品牌建立来占据消费者心智，形成品牌产品的溢价能力，使企业持续获利，从而形成具有可持续发展的实力。满足顾客的需求目标需要进行一系列探索实验，客户的价值观、消费观、生活方式、消费分层呈现多元化现象，同样年龄的用户群体，在不同省份、不同城市生活有不一样的消费特征，但这些异质特质的背后，都有一个提升性的身份需求，这是品牌战略定位的起点。

3. 在大产业中拓展新空间

定位理论的奠基人之一、世界营销大师阿尔·里斯，多年前在中国的一次演讲中，放"狠话"说："中国没有强势品牌。"，这让业界感到震惊。对于里斯的话，作为品牌业者的我也有自己的反思。

企业的本性是一种扩张性的组织，企业追求战略定位，其实就是一种战略扩张。企业品牌建设的价值，就是为了攻城略地，这是企业雄心的一种表现。企业要选择产业空间巨大的事业，大行业产生大企业，大企业塑造大品牌。

以中国的餐饮企业为例，中国的产业规模大约是四万亿元，但餐饮是全球消费者的普遍需求、高频消费、刚性需求，空间足够巨大，在全球，中国并没有形成世界性的餐饮品牌，一个原因可能是我们确实不懂如何打造品牌，没有抓住品牌的本质。还有一个原因，中国的餐饮企业，哪怕是知名的餐饮连锁企业，都没有实施全流程品牌管理体系，对于跨文化需求缺乏深入研究。

中国的餐饮企业，不管是路边小吃店，还是拥有几千家店铺的连锁餐饮企业，充分竞争的结果是促进一些行业里的龙头企业去解决行业的痛点问题，比如令人头痛的食品安全问题。企业会自觉按照标准化的采购程序，保障全产业链的食品链的安全，这些企业为什么要这么做呢？这是由企业战略定位决定的。

市场经济的本质是相互信任，或者信用经济，信用影响着每一个人的选择。品牌经济的价值就是减少消费者寻找和选择的时间。一些食品餐饮的龙头企业会向自己的用户分享自己的中央厨房和门店厨房，也会邀请用户进行原料产地旅行，跟踪企业整个供应链网络的运作情况，这样做的目的就是让顾客放心消费。

在今天的餐饮食品品牌中，品牌的安全定位依然具有一定的市场，典型的案例就是鲁花食用油，而发酵180天的酱油，也是基于同样的表达。食品品牌向大众展示整个工艺流程，也是安全价值的定位。典型的行为有伊利、蒙牛等品牌引入工业旅游，让顾客看到先进工厂。应该说，安全需求是一种底层需求，这正说明虽然市场看似饱和，但竞争模式还处于比较低的层次。同时说明，在中国餐饮食品业中，品牌经营依然拥有巨大的机会。

永和豆浆这个企业具有典型性。油条、豆浆是中国的早餐形式，相较于传统早餐店，永和将这个早餐形式变成了快餐模式，通过对豆浆工艺的标准化、所有品类食品标准化，将制作流程放置到透明的玻璃厨房里面。另外，该企业积极寻求通过全球食品安全认证体系，构建全球标准体系，将快餐连锁做到全球30多个国家和地区。

永和豆浆的经验，对于其他餐饮企业建立品牌而言，具有借鉴意义。整个运营流程都完成了和品牌战略的配称，消除了安全顾虑，获得了好感。永和开发了袋装和盒装的豆浆产品，如今成为中国豆浆粉市场的领导品牌之一。这种将快餐门店变成体验店，又将标准品牌产品推向市场的全流程，非常符合品牌运作规律。

全球品牌企业一旦实施了品牌战略，就意味着企业要在品牌领域投入巨大的人力、物力。品牌作为企业的资产项目要细致管理，不能疏忽，不能为了蝇头小利以次充好，这就是品牌企业的自律逻辑。

餐饮企业品牌化的进程，正在影响着中国整个食品的供应链体系。借助数字智能化网络，龙头餐饮企业完全可以成为高档食材的供应商，这又可以带动上万亿的产业规模，目前，预制菜行业正在借助一些餐饮连锁品牌和食品品牌，在标准供应链的基础上走进千家万户。这是从单一的门店竞争到品牌产品服务一体化的生态竞争的转变。

餐饮品牌企业从"门店竞争、产品竞争、服务竞争"转向"产业链竞争、产业生态竞争"，是一个大的趋势。餐饮企业可以通过整合产业资源、配置产业要素、组合产业集群、搭建生态圈，来达成产业生态化协作，科学调动产业力量，打造并提高企业主体的市场竞争力和品牌影响力。

二、品牌经营：从商品到感知的飞跃

品牌战略和企业战略的合一，意味着企业经营的方式是双层的经营体系。简单来说，普通企业开的是单层车，品牌企业开的是双层车，这就是品牌经营双层车模型。普通企业满足的是单层需求，品牌企业满足的是多层需求。而为了获得社会的认可，企业需要进行声誉管理。

1. 声誉管理与多层次顾客需求

彼得·德鲁克在其著作中没有系统阐述品牌系统对企业经营的影响，但也将企业看作是双层结构的，企业是一个盈利主体，同时也是社会器官。这个自称为社会生态学家的管理学者以为，企业存在基于用户的需求并满足这种需求。德鲁克推崇马斯洛需要层次理论，认为企业只有满足用户多层次的需求，才能够更好地服务用户。

品牌经营即是对于企业社会职能的阐述，这样的表达对于读者来说有点文绉绉的，不好理解。德鲁克在《管理的实践》一书中，阐述了这样一个观点：企业置身于顾客社区中，需要解决企业存在价值的问题，保持自己的社会声誉。也就是让自己盈利，对顾客有利且对社会无害的事情，企业可以去做。

2. 品牌经营降低交易成本

如果说品牌战略就是在企业和顾客之间拉一条直线，这就很好理解了。在企业识别系统理论中，企业需要建立标准化、多层次的识别系统，使用户在企业丛林之中一眼就将其认出来，这种就是企业降低成本的方式。

随着信息经济的发展，快捷的信息互动模式成为企业降低内部和外部成本的主要管理形式，这就需要重新思考科斯的交易成本定律的问题。企业本质是一种资源配置的机制，企业与市场是两种可以互相替代的资源配置方式。

在当下，品牌企业越来越成为价值链的管理者，并且通过打造更友好的用户界面，扮演着"协作企业代表人"的角色，直接面对用户。谁拥有用户，谁靠近用户，谁就拥有市场权力，品牌价值链上的链主企业往往具备更高的运营效率，因此，使整个价值链的运营成本得以降低。

品牌代表了信息时代交易成本理论的一种演变。成本理论和溢价理论纠缠在一起，作为品牌企业，既要提高供应链的效率，降低成本，又需要借助所有的溢价机制，为整个价值链上的企业创造高附加值，这在另一个层面上，为企业发展提供了空间。

3. 企业品牌战略是为了超越竞争

对于市场竞争，公认的模型是五力竞争模型，它是迈克尔·波特在20世纪80年代初提出的。他认为，行业中存在着决定竞争规模和程度的五种力量——供应商的议价能力、购买者的议价能力、潜在竞争者进入的能力、替代品的替代能力、同业竞争者的竞争能力。

波特的五力竞争模型是对一个产业盈利能力和吸引力的静态断面扫描，说明的是该产业中的企业平均具有的盈利空间，所以，这是一个产业形势的衡量指标，而非企业能力的衡量指标。这五种力量综合起来影响着产业的吸引力和现有企业的竞争战略决策。

例如，顾客想吃川菜，就会在街上寻找川菜馆，这种选择带有一定随机性，如果餐馆在1000米之外，顾客很可能会临时改变决定，改吃湘菜，因为这个湘菜馆就在前面200米的地方。但如果有一个人坚持吃川菜，那么大家需要再走800米，这些都是瞬间的选择，其考验着商家的品牌召唤能力。

多品牌竞争环境中用户的瞬间选择行为，是本书研究和探讨的重点内容，复杂性的品牌竞争，其难点也在这里。

每一个选择未必是最佳选择，却是考虑成本因素和关系因素之后做出的有限综合选择，供应商、购买者、新进入者、替代品和同业竞争者都在影响竞争，但品牌企业往往基于用户的需求，给出针对性的解决方案。解决方案强调符合用户的整体身份和心智，而不仅仅思考成本和议价要素。

从品牌战略系统来看，品牌在一定程度上超越了五力竞争模型。从用户市场的直接观察来看，市场真实的运行机制更加复杂，所有用户面对所有企业，理论上有无限选择，但实际上，在微观层面，每一个用户的选择都是有限的，每一个用户只能在有限信息的基础上进行筛选，所谓最佳方案都是针对每一个用户的认知现实而做出的有限选择。

回到品牌双层车模型概念，品牌经营是商品到感知的飞跃。品牌企业在第一层车厢里经营的是自己的商品和服务；在第二层车厢里经营的是自己的品牌。处于第一层的经营者理解不了第二层的品牌经营逻辑，二者之间很难进行价值观对话。两种经营者对于"什么是财富"的定义是不同的，非品牌经营者往往对于虚拟价值缺少必要的感知能力。

一个品牌企业经营的是品牌的双重属性，基础层是商品属性，这是功能价值，上层是精神属性，这是虚拟价值。工业社会的本质是复制，所有人都在复制产品，从产品到产品。IP思想就是产品本位，到今天为止，很多产业链上的底层企业，依然抱持着产品主义思想。

密歇根大学教授杰罗姆·麦卡锡于1960年提出了4Ps理论，即产品、价格、渠道、促销四大要素。

4Ps营销理论，将产品权重降到了四分之一，企业仅仅拥有产品是不够的，意思是，你仅仅做好了25%的事情。记住这句话，仅仅拥有产品，哪怕是优质产品，在我们的市场里，也仅仅做了四分之一正确的事情，还有四分之三的事情要在市场中完成。

四分之三的事情，其实是在品牌双层车的第二层完成的。这是基础常识,但基础思想的力量是无穷的。大部分人在市场中吃亏,不是亏在观念是否时髦上,而是亏在这个基础之上。

我跟一个知名连锁餐饮集团的总裁表述过相似的文字:有产品的人、有产品的企业,其只完成了四分之一的工作。企业品牌战略中,至少要拿出一半的精力来经营用户的品牌感知。这不是什么新观念,而是从20世纪60年代就有的营销基础常识。

谁占据了用户的心智,谁就能够在竞争中拥有对手难以超越的优势。你自己是谁已经不重要了,重要的是大众是如何看待你的,你在大众心里的位置到底是什么,这才是经营的核心。

三、企业战略模型与品牌定位

战略是军事词汇,是为了应对竞争提出来的资源选择框架。静态战略的时代已经过去,现在的企业处于一个动态战略的新时代。之前,我们总说要坚持一个方向十年、二十年,现在这种情况在变化。企业在战略层面制定的方案不断受到挑战,非线性的经营环境随时会出现"黑天鹅",甚至"灰犀牛",如果说还存在企业战略模型,这个战略模型也自带随机性。

1. 企业战略与品牌定位的对应

当企业战略著作《公司战略》首次出版的时候,伊戈尔·安索夫明确宣称了自己的战略管理主张,首次提出公司战略概念、战略管理概念、战略规划的系统理论、企业竞争优势概念，以及把战略管理与混乱环境联系起来的权变理论。因此，管理学界把安索夫尊称为"战略管理的鼻祖"。

今天，我们在制定公司品牌经营战略的时候，安索夫的战略框架并没有过时，有什么能力就做什么事的原则没有改变。

创业者原来是个大厨师，又有一定的营销能力，那么做餐饮企业就是一种战略选择。在中国的高级餐饮品牌中，有不少企业的创始人是名厨出身。企业仅仅具备基础运作能力远远不够，还需要有建立上层建筑的能力，也就是能够将能力转化为企业的战略品牌，形成持续的心智财务流，这中间的路途其实很遥远。

（1）企业战略类型与轻战略框架

1956年，温德尔·史密斯正式提出"市场细分"。告诉企业在做事的时候，需要找到一块自己擅长的市场，然后去占领这一块市场。

如何划定细分市场、经营拓展细分市场、建立护城河，是安索夫的《公司战略》中提到的内容。安索夫将企业战略划分为三种战略：原型战略、主战略和辅助战略。

原型战略就是前文讲到的做自己擅长的东西。

主战略就是要精明地采取行动，让公司活下来。第一家餐饮门店活下来，体现了创始人的经营能力；第二家门店活下来，需要建立在第一家店的所有的经验教训基础上，通过硬性和软性积累，实现运营系统和员工成长，第二家店的店长是在第一家店里培养出来的；第三家门店秉持前面的资金积累、经验积累，实现多点标准化经营，后勤系统开始构建，实现内部经营的效能化、节约化，这一系列行为，就是主战略。

辅助战略则是拥有核心资产，寻找更好的合作伙伴，结伴增长，快速将已经积累的成熟系统复制给合作者，思考协作者带来的资源。辅助战略是一种价值链的管理范畴，当时还没有价值链和生态链管理概念，但这些对于今天的战略经营还是有参考价值的。

安索夫在辅助战略中提供的方案在今天已经不适用了，企业特别是品牌企业已经选择了做"微笑曲线"的两端，而不是进行更多的垂直一体化并购。

相对于安索夫时代的企业重战略运营，今天品牌企业的战略框架在变轻，这就是我在不同咨询方案中提到的轻战略框架。我们的时代和安索夫的时代不同，企业的信息协同和战略协作能力已经得到了空前的提高，一个普通餐饮连锁企业所拥有的信息能力已经可以和20世纪70年代的沃尔玛供应链信息能力相媲美。

品牌经营企业已经有条件建立在虚拟资产的扩张上。例如，麦当劳的品牌运营已经提供了完整的教科书式的案例分析，这是研究品牌扩张的基础案例。

（2）安索夫矩阵与品牌战略

不要被安索夫矩阵这个词吓坏了，其实就是企业战略运营如何进行排兵布阵。打个比方，一个经营者需要思考分布在全世界的5000家门店共同采取的战略，还有这5000家门店相互之间形成的关系。

安索夫矩阵很简单，是应用最广泛的战略分析工具之一，其设计非常值得各大企业借鉴和参考。从产品和市场这两个维度考虑，企业可形成四个战略，分别是：市场渗透战略、市场开发战略、产品延伸战略、多元经营战略。企业可以按照发展阶段来确定合适的战略，并逐步推进。

这段文字，我相信读者在阅读后，还不知道怎么去做。在按照本书企业战略和品牌战略合一的基本理念，结合安索夫矩阵，来说明企业的品牌战略该如何实施之前，不妨简单回顾一下市场营销的历史。

市场营销学的观念颠覆在20世纪50年代就完成了。1957年，通用电气公司的约翰·麦克金特立克阐述了"市场营销观念"哲学，他提出了"用户为王"的观念。关注商品很重要，但是关注顾客更重要。如果把你的顾客服务好了，那么你的企业目标很容易实现。

1960年，西奥多·莱维特在《哈佛商业评论》中发表了成名作《营销短视症》，这篇论文虽然很短，但是在人类的营销史上具有很高的地位。莱维特说："你们办企业，企业发生了衰退，因为你们太重视你们自己的产品了，你们应该把主要的精力放在顾客的身上，而不是放在产品上。"

这在一定程度上解决了战略和用户之间思维层面的矛盾该如何解决的问题。

我在这里将安索夫的市场渗透战略、市场开发战略、产品延伸战略、多元经营战略都放置在品牌战略之下，希望能够得到营销理论界的认可。我的思考很简单，就是用"用户为王"来统领这四个框架，思考一个企业如何创立自己的战略品牌。

品牌战略定位，如何做是正确的？品牌战略定位肯定不是品牌设计师和企业领导团队自己在办公楼里挑灯夜战讨论出来的。品牌是在市场中验证出来的。最小的品牌也是基于用户，而不是基于工厂。

战略定位是在一系列市场运营测试中，获得正反馈之后，才逐步形成的一般认知。比如，海底捞在成都简阳的第一家门店，给用户修指甲、提供书籍、按摩等所有的服务强化行为，在给予顾客的便利的同时验证着顾客的反应，这在财务数据上和运营状态上会体现出来。这种局部打样检验的行为，就是一种试探性的品牌定位行为。

这就是市场渗透战略，在日常表现为爆款产品。既然海底捞简阳门店这个爆款爆发了，那么在成都的几个大区域，都有爆款的可能性，这就是市场开发战略。在跨地域品牌扩张过程中，各地会有不同的口味，需要进行适应性的衍生，这就是产品延伸战略。

战略品牌在进行多元化的时候，需要十分小心，一旦出现了跨越用户心智的扩张行为，就会毁坏品牌价值。比如，酱酒主导品牌出售同品牌葡萄酒的行为，就是一种多元化冒险行为。

2. 企业战略模型的数字智能化

企业战略和个人哲学其实是一样的，我是谁？我从哪里来？我要到哪里去？企业需要认识到：企业自我定位需要适应性调整；企业过去不再重要，不要试图捞取沉没成本；当下的行为和未来的走向更加重要。

按照安索夫的思考，企业战略管理需要引入"权变理论"，需要做适当的微调，就像调频收音机的扭动旋钮一样，这样的经验很多人都有。今天我们依然拥有"调频收音机"，但整个系统已经数字化，被嵌入手机中。我们从收听几十个调频台到人人都是电台主播，这种剧烈的变化，在几代经营者身上已经显现出来，经营者一旦丧失了对于变化的敏感性和应对能力，其被淘汰的进程会非常快。

在与咨询客户进行交流的过程中，我提出了"摩尔定律泛用化思维"。

原来只在芯片领域适用的芯片经营节奏规律，现在已经渗透到餐饮行业和其他快速消费品行业。如今，我们处于数字智能化环境下，数字智能化环境下的企业经营三个月就会发生变化，适应这个节奏企业就能够活下去，不适应或者犯错误的企业就失去了经营能力。

在这种情况下，不再是企业战略需要引入权变理论，而是权变理论主导企业战略，这是所有品牌经营者所面对的又一次认知翻转。企业需要有足够多的适应快节奏变化的经营者队伍，才能够同步市场节奏。

过去，内向型的企业战略设计主要思考四个方面：确定客户问题；使命与愿景定位；业务战略定位；根据业务战略匹配经营活动。这些活动都是在与用户分离的情况下做出的决策。如今，企业需要在全程与用户融合的前提下做决策，仅仅盯着客户的问题、研究解决问题已经远远不够了，战略设计需要盯着客户整个人的生活方式，构建适宜的场景。

使命和愿景的制定，在数字智能化时代也需要做超越性思考，那是对于用户生活方式的一种鼓励和理解，进入心灵和生命价值层面的重新思考。企业自嗨型的口号愿景从来无济于事。如今的时代，用户早已见多识广，内部员工也一样。

使命和愿景的表达对象已经变成了面向社会的承诺，品牌企业能否建立自己的品牌生态，取决于企业运营整个生态链的能力，这些都是价值导向的。跟某个餐饮品牌合作，协作企业能够赚得更多，而不是赚得更少。企业战略越来越依赖于战略品牌对于整个价值链的抬升能力。愿景表达就是基于建立强势品牌的表达，弱势品牌没有愿景表达，用户根本就不会给予这个机会，来听取企业的声音。

业务战略定位也是一个重要的词。对于其他行业而言，在外向型的业务战略中，企业的业务战略应该是优先的，是摆在第一位的，业务是产生现金流，也产生顾客正回馈的，这是企业经营的准绳，其理应成为经营者思考的原点。无论是企业战略还是品牌战略，尽早实现盈利是经营者的内在责任。

但区域品牌餐饮行业有明显的不同，其受到数字智能化的影响比较小，而且以原汁原味的坚守为自己的经营本分，将自己的企业和城市的文化地标紧紧联系在一起，企业传承人一代接一代永续经营。但餐饮老字号和数字智能化相结合，可以进行温和扩张，使品牌保持生命活力。而这些将企业品牌和城市文化捆绑的行为就成为企业与品牌的独特经营活动。

独特的企业经营活动是竞争对手不易模仿的活动，这些经营活动既是企业赢得客户的关键点，也是开创市场品牌的核心方法。

3. 重设企业关键增长战略

本书非常强调顶层框架的价值，如果企业战略框架分析模式是错的，那到了经营层面，一定会错得离谱。

以中国餐饮连锁品牌为例，观察近十年来的战略成败。典型的分析案例就是一家从北京起家的高档餐厅，其创始人曾作为国内三大餐饮巨头之一，在2000年左右，作出了进军高端餐饮行业的决策。确实，她所创立的品牌在品牌表达上符合高端品牌的整体调性，餐厅十分奢华，一度成为时尚杂志争相报道的热点消费场景，企业发展顺风顺水。

企业在2008年达到了一个发展节点，进入了借助资本的战略扩张期，在短短的四年时间内，该品牌就拥有80多家门店，创始人家族拥有了巨大的财富。但在快速扩张过程中，企业遇到了经营层面的问题。

该企业的一个巨大教训是，远离自然需求拉动增长，用资本注入推动市场扩张。到 2013 年，高档餐饮市场处于整体疲弱状态，而且，高端餐饮消费市场预期已经发生了巨大变化，一度宣扬的奢华文化不再具有价值观层面的吸引力，最终，该企业没有在约定时间内完成投资对赌协议中的目标，而企业创始人也因对赌失败失去了企业，成为企业的局外人。

很多案例分析者认定这是资本贪婪造成的，但实际上，这样的顶级餐饮连锁企业，分明是用错了顶层分析模型。

当下的品牌分析工具早已超越了单纯的经济领域。一个全球品牌不涉及政策环境已经不可能。现在做企业战略品牌，品牌就是企业最重要的资产，而这个资产容易受到外部环境的影响，产生波动，这意味着基础分析模型需要更新。

于是，PEST 分析模型出现了，这是品牌商标配的模型。PEST 分析是指宏观环境的分析，P 是政治（politics），E 是经济（economy），S 是社会（society），T 是技术（technology）。在全球化的视野之下，一切都在分化和重新组合。全球品牌和中国品牌想要运营得好，需要顺应潮流，进行本地化表达，渗透进入本地最大化的社交结构和消费结构中。

高端餐饮的主要客户是谁？在场景中用餐的目的是什么？谁在埋单？这所有的行为必须符合社会的主流文化，这就是基于 PEST 分析对整个消费链的长期机会和风险进行评估。

重设企业关键增长战略，正确的做法应该是在已经打造出强势品牌战略的基础上，寻找能和市场更好地共存的战略框架。还是以这家高端餐厅为例，创立强势名牌已经非常困难，难以拥有关键资产，如果进入普通消费的大框架中，则是另一番景象。2008年正确的战略应该是创立次级品牌，扩大自己的中端用户群，并且在中端用户中培养高端消费者。

战略品牌的树立，需要一种自然增长的思维。从全世界品牌运营的视角来看，战略品牌的关键增长策略就是用品牌资产来推动实体资产整合，并且执行一种品牌金融战略。

事实上，一个战略品牌经营企业，就是在构建一种场内和场外交易的品牌交易所，品牌资产可以进行类似于货币的扩展效应，这恰恰是被很多品牌业者忽视的领域。品牌战略内核在某种程度上也具有一定的金融内核，即使不上市，品牌资产本身也可以被看作一只不断涨落的股票。

这种品牌股票思维在表达上并不严谨，但很多非品牌业者和一般的中小企业主一样能够得到直观的感受。深圳一家科技公司品牌经理说："我很喜欢将品牌战略经营比喻为不断变化的股票交易，这个概念让我们的员工有一个朴素的思考和判断，即我的行为是品牌股票做多的行为，还是做空的行为。"

品牌企业的主要扩张战略，就是企业以品牌虚拟资产为主导资产，构建品牌生态链的战略。创建强势品牌是千难万难的过程，但在整合企业战略资源方面，其确实是扩张市场的战略利器。强势品牌经营所带来的市场权力和全产业链整合能力，超越了一切资本的整合能力，提供一种独特的增长方式。

四、从品牌五大原理认清品牌本质

从品牌历史看到品牌未来，品牌领域基本不变的底层原理是什么？品牌的本质是在顾客心智中形成"烙印"，建立顾客对品牌的信任联结。为了更深入地认识品牌，我提炼了品牌五大原理：品牌信任原理、社会监督原理、品牌溢价原理、品牌资产原理、品牌成本原理。

在本书中，关于品牌的基本原理，在不同的章节里，都有体现，不同语境会有不同侧重点的表述，在这里，我系统地总结罗列，目的就是让大家形成串式记忆。

1. 品牌信任原理

品牌与消费者的信任关系，是重复博弈机制建立的，消费者相信某产品，通过品牌来识别购买产品，久而久之，该品牌成为顾客信任的品牌。

我们通常说的，做品牌需要长期主义思维，其是企业为了给顾客惩罚自己的机会，而创造的一种重复博弈机制。

例如，在高速公路服务区的饭店吃饭购物，不但质量不高，而且价格贵，山寨货也特多，顾客经常被骗、被宰、被坑。店家希望一次在你身上获得更多好处，得到最大利益，并且判断你再来的次数很少，复购的概率很小，所以也不管给你带来什么伤害。因为这是一次博弈，店家的信任成本低，可以为了卖货而卖货。

但是在社区超市、街边餐馆，你会得到价格公道和质量有保障的服务。因为他们希望你经常来消费，只有你经常来复购，才能带来更多收益。这是一种重复博弈机制，店家违约的成本高，其不仅要卖货，还要考虑能长期卖货，这就需要品牌经营思维。

品牌的信任强度有三个层级，初级是知名度，中级是满意度，高级是忠诚度。品牌的知名度越大，满意度与忠诚度越高，就越值得信任。

2. 社会监督原理

社会监督原理，是指品牌的本质是社会监督企业、保护消费者的一种风险机制，成为品牌就要受社会监督。

品牌是产品销售带来的结果，高销量产品的牌子成为消费者信任的牌子，就建立了品牌。一旦建立品牌，你就要接受消费者的监督、社会的监督。如果你犯了错，社会、消费者就会惩罚你。

从管理经济学来说，若靠国家法律来管理成千上万的企业行为，其成本必然太高，品牌作为联结企业与消费者的媒介，正好发挥了监督管理企业行为的作用。通过消费者的监督、社会的监督，极大地降低了社会监督成本，降低了消费者的维权成本。品牌越大，其社会监督成本就越低。

品牌的社会本质在于降低社会监督成本，品牌的覆盖区域反映社会监督成本的高低，品牌所覆盖区域越广，社会监督力就越强，社会监督的成本就越低。为什么说全国品牌是大品牌，就是因为这个品牌可以接受全国人民的监督。

3. 品牌溢价原理

品牌溢价原理是指同样的产品，一个品牌能比竞争品牌卖出更高价格，这个溢价能力体现在各品牌中。

品牌存在于消费者的头脑中，它是一种根植于现实中的感知实体，但是反映的是消费者的感知和偏好，这无形中就支持了品牌价值——品牌溢价。

品牌化是创建一种心理结构，帮助消费者组织有关产品和服务知识，在某种程度上明确他们的决策，为产品附加情感和信任，有了情感和信任价值后，消费者的心理就会发生变化，而这个过程可以为公司创造品牌溢价。

品牌溢价是产品或品牌的附加价值，在消费者心智中，塑造高于其他品牌形象的感知，就可以为公司创造更高阶的品牌溢价。

4. 品牌资产原理

从企业经营的角度而言，经营有两个视角：一是成本，二是投资。成本很好理解，那么投资需要什么？就是我们需要投入生产产品、经营企业的成本，这个过程中形成的就是资产。

我们从传播学、心理学的角度来定义品牌资产：它是关于企业所有品牌营销带给消费者的心理事实，它是消费者对品牌的认知和记忆带来的企业利润收益，这些认知和记忆是消费者在一段时间内对品牌的所看、所读、所学、所听、所想及所感。

第一层意思是，品牌资产与消费者认知相关。基于消费者的品牌资产是对品牌知识的感受。在品牌营销活动中，与不能被识别相比，当品牌能被识别时，消费者对产品及营销方式表现出更多赞许，反映品牌具有正面的、容易被认知和被记忆的、基于消费者的品牌资产。

第二层意思是，品牌资产的形成与时间相关。在一段时间内，一旦品牌知识被消费者快速地、轻松地认知和记忆，便可形成品牌资产。同时，随着时间的推移，这些品牌资产会逐渐被消费者所遗忘。

品牌通过开展让消费者认知和记忆的连续营销活动，形成并积累品牌资产，最终成为认知的护城河。基于品牌资产的保值、增值，形成品牌护城河的规律，就是品牌资产原理。

5. 品牌成本原理

品牌经济一旦形成了价值生态，就能建立全产业链的信任体系，可以显著降低信任成本，各资源要素组合的摩擦成本就会大幅下降。

从科斯交易成本角度来说，品牌是企业在认知中竞争的基本单位，品牌的存在价值在于利用品牌资产建立品牌壁垒，以此来降低企业的外部交易成本，同时提高对手的外部交易成本。

一个陌生的产品要建立品牌，需要营销来实现，这就需要企业支付营销成本。一旦建立了品牌，就可以降低企业的外部交易成本。产品成为品牌的成长路径，客观地反映了"先舍后得"的品牌成本规律，这就是品牌成本原理。

品牌成本原理的启示是：企业需要营销来建立品牌，即产品成为品牌之前"先舍"——需要营销成本来完成品牌孵化；成为品牌之后"可得"——可以形成品牌壁垒，降低企业与外部的交易成本。

五、企业战略定位的三大新原则

国家故事、国家品牌、国家信用和文化情感和商业品牌越来越密切。如果消费者对于一个国家的文化有很大误解，所有商业品牌都会被牵连。

品牌已经不单单是品牌的事情，这样的品牌大生态思考，考验着中国人在文化传播方面的协同能力。企业品牌活在自己的文化生态里，从来就不是一种抽象的表达。品牌的上位是文化，是国家板块。从这个角度来讲，每一个品牌企业都应该是国家和文化的自觉拥护者，聪明的品牌会让自己成为文化传承者，获得文化的佑护。

每一个品牌都是自己文化生态的布道者。当一个品牌自觉地和整个国家文化、文明发展进程结合在一起，我们才能看到国家品牌的崛起。国家竞争从商品竞争上升到文化竞争，这是一个过程。用文化驱动生意，打造国际和文明级别的高端体验，争取世界民心的战略，同样和我们每一个商业品牌关联。世界级的品牌对此都有体悟。

本书在探讨品牌的过程中，会引入一些世界级品牌的创立经验，他们的经验和教训值得思考，当下时代的品牌，需要跨越不同文化。立足于和不同的文化共生，是全球化品牌战略的基础。

另外，在战略定位时，应坚持一定的基本原则，具体如下。

1. 战略的一元化和网格化

品牌需要跨文化适应性，这对全球化品牌经营者提出了很高的要求。我在和一个餐饮协会做的研究报告中提出，餐饮企业的品牌经营者，应该至少思考40亿人的生意，而不能局限于内地城市。

这是我和咨询客户在一次战略推演过程中得到的启示，还是以前文提到的某高档餐饮品牌为例，该高档餐饮在整个餐饮生态链中就如狮子、老虎的生态位，每个大中城市只能容纳一家。

在这家中国高档品牌餐厅成为强势品牌之后，发展路线应该走向跨文化市场。比如，食品清真化之后，可以进入迪拜等西亚奢靡消费市场；菜谱经过精简标准化之后，可以进入巴黎、伦敦市场，这些辉煌了两三百年的城市，本身就自带奢靡气质，而且目标顾客具备世代延续性。品牌扩张的道路都是文化先行，这种扩张更加符合品牌的调性。

顶级奢侈品品牌和顶级餐饮品牌应该在扩张中进行融合，打造奢靡生活方式。在战略上处于消费市场高位，可以为中国商品和品牌出海提供难得的场景，为中国人全球化进程提供高档场景，这是商业领域的一种刚需。

为了说清楚战略定位的新原则，我们可以进行强势品牌推演，说明战略一元化和网格化原则到底在表述什么。

战略一元化的本质就是知道自己的企业战略生态位，确立企业的品牌生态位。将生态思维引入品牌定位领域，即在复杂的生态系统中，企业可以选择一种目标动物，企业是选择做顶级掠食动物，还是一只负鼠，这是由企业拥有的内部资源和外部资源决定的。负鼠不要去抓羚羊，这是由生态位决定的。

企业战略的网格化思维来源于军事战略领域。美军将全球分为若干战区，中国军队也分为若干战区，这就是战略网格化思维。军队面临着不同的战场环境，比如，面向高原，需要建立适宜的装备体系和训练体系，建立山地师和山地合成旅。

网格化战略需要企业针对不同市场，对自己的经营能力进行二次修饰，以适应当地市场。例如，海底捞在淮扬这些口味比较清淡的地区，会适当调整火锅底料，与重庆地区的配比有所不同。

2. 战略多层次人才梯队团队复制

在过去几十年的企业管理案例中，我们会看到很多空降的经理人，还有个人英雄式的CEO传说，这些叙事都脱离了真实的运营环境。战略是要步步踩实的，如果理解一个事物发展的整体规律，外来的经理人只能做局部事情，整体共识搭建需要时间，正如树立品牌需要足够耐心一样。

企业一旦成为战略品牌运营者，在人才使用上就会有一个标准的流程。

品牌战略扩张是企业运营的重要业务，普通资产和设施很容易复制，但在人力资源领域会遇到巨大挑战。我认为，当品牌企业复制出一个完整的、多层次的人才梯队时，品牌扩张的成功率会得到有效提升。

这里描述的事情已经涉及企业的基础管理问题。这又回到了企业战略和品牌战略的合一问题了。按照知名管理学者拉姆·查兰的观点，一家成功的企业需要完整的人才梯队、需要多层次人才；不仅需要价值观领导者，还需要项目管理者、业务管理者，以及业务执行者、理解细节的操作者。想要将一个企业做好，并不是派一个干部过去，三把火一烧，马上就能解决问题。战略扩张和品牌扩张的基础工程，就是在一个成熟的体系中将人分成A、B角，每一个梯队层次都在复制人才，所有人都在培养人，所有人都是示范者。

从总结出来的经验教训看，战略扩张和品牌扩张失败的原因，主要是没有按照多层次人才梯队的标准，认为资本因素是主导因素。实际上，人才因素才是核心因素。

3. 战略的持续过渡性和明星培养机制

企业战略思想需要改变，我们需要再思考战略的价值。

如果说企业现在经营的内容是一座山峰，在一座山峰到下一座山峰之间，必然有一段长距离是谷地，战略定位并不是要企业死守第一座山峰。战略真正的价值就是，在企业从第一座山峰向第二座山峰迁移的过程中提供过渡价值。

品牌企业亦如此。战略品牌的价值，就如关于可口可乐品牌的一句话，即使一把火烧掉了公司所有资产，凭借品牌，可口可乐也可以东山再起。品牌战略在客观上提供了一种跨周期的延续和生存方式。

战略十年不变，或者二十年不变，已经变成了一种理想，我们需要重新审视战略。根据之前的生态位思维，变换企业的生存哲学。

维系一个战略品牌需要持久的耐力，战略品牌和明星具备同样的内核。在影视产业的逻辑中，明星带出明星，相互搭戏是一种有意识的安排，这已经成为一种机制。同样地，一个品牌企业如何孵化自己的子品牌也是一个非常重要的扩张机制。

从市场上的普遍数据来看，长期存活下来的企业凤毛麟角，而战略可以让企业即使在碰到不可控环境的时候，也能借助一些独特的资产组合存活下来，这是最低要求，也是最高要求。

第二章
品牌营销战略

品牌营销是一个百家争鸣的领域，我们很难找到一个有全局说服力的理论支持。一个品牌承载着丰富的内涵，浓缩着关于企业的各种重要信息。人们在谈及品牌时，往往会联想到企业的文化、形象、信誉、社会认知度、产品认知度等，因而，品牌被视为衡量企业及其产品社会公信度的尺度。在本章，我们需要面对不确定性的时代，谈论企业如何重新制定品牌营销战略。

一、品牌营销战略的新想定

彼得·德鲁克认为，营销的目的就是创造顾客，减少不必要的推销行为。一般而言，品牌营销就是以一种系统化的方式创造顾客。以某餐厅为例，因为味道好和老板娘的热情，一些人慕名而来，进店用餐，这就是因为该餐厅的美誉度有足够的吸引力。品牌营销战略在本质上就是给消费者植入一个思维跳跃的进程，借助品牌符号让无形的营销系统与消费者建立关联，让消费者跳过性价比思维，直接做出购买行为。

1. 品牌营销的成本和颗粒度

品牌运营战略是一种低成本的运营战略，和一般非品牌运营者的思维刚好相反，从管理模式来看，品牌营销的成本要低于人海战术的推销成本。

用符号替代说教，用情感体验替代理性思考，用身份和人性的超越性描述替代功能比较，正是这三板斧，使品牌营销能够提供新的竞争能力。

某鸡火锅的连锁餐厅老总，同时也是散养鸡鸡场的场主，说："我理解品牌的价值，我没有必要将几万只鸡每一只都起一个名字，叫回来喂食，我就买了一面锣，到了喂食时间，敲一下锣就可以了。漫山遍野的散养鸡听到锣声，会争抢着回来吃食。"

我觉得这精准地表达了品牌营销的价值，在敲锣声音中，封装了喂食的行为，也封装了每一只鸡的愉快自我体验，这就是一种典型的品牌营销战略的内核。

对此，我好几次进入散养鸡鸡场，观察这些行为。我和场主也探讨了粉丝经济和宠粉行为，这种互联网时代的典型营销模式。

他说："将顾客当成宠物的思维是完全错误的，品牌营销的悲剧就是不小心将战略品牌营销变成了生活服务业，生活服务业不是不好，那是无限成本投入的辛苦游戏。一只一只喂食，问每一只散养鸡开心不开心，那是小朋友才做的事情。"

确实，我们在做新品牌战略的时候，不必被最新的时髦概念吸引，而应该回到品牌战略的本质。品牌营销战略本来就是为大规模工业化营销做准备的。小而美的品牌虽然也是品牌，但和品牌价值的战略性和规模企业的扩张目标背道而驰。

实施品牌营销战略，绝不是提高营销成本的行为。

在品牌营销战略制定过程中，我无数次被客户问了同样一个问题，品牌营销战略在制定过程中，需要什么样的顾客颗粒度？

乔布斯创立了苹果品牌，但乔布斯没有必要和每一位苹果用户对话，这就是顾客颗粒度的问题。即使很忠诚的顾客，如果不是企业品牌方邀请，也不会展开这种对话，而是采取媒介传达的方式。认同品牌传达的设计美学、认同自己的身份、习惯使用品牌方设计的操作系统、满足于自己产生的品牌体验和产品体验，这就是一个品牌所能表达的内容。

餐饮连锁行业是典型的重服务行业，需要设定服务标准，设立完整的品牌表达体系，需要思考成本的边界；对于大众表达，需要表述自己的用户是什么样的人，因为企业的服务和表述行为需要配称这样的身份。创造更好的体验，并把体验提供给大众媒体，这种间接性能够带来更大范围的传播价值，提升品牌影响力。这叫做品牌弱关系管理。

2. 马斯洛需求层次理论

一般来说，营销书籍中都会提到马斯洛需求层次理论，本书作为品牌顶层设计类的书籍，注定需要在这个理论面前停留。我们需要在前人理论的基础上向前一步，结合现实，使知识变成一种不假思索的本能，这样才能在商业实践里知行合一。

对于马斯洛需求层次理论，一般书籍都使用五个层次的模型，分别用五个词来表达：生理需求、安全需求、归属和爱的需求、自尊需求、自我实现需求。

一些制定品牌营销战略的团队，在实战过程中，确实发现了一些已经溢出这五个层次的行为。这些需求都是向外求的东西，那么内在迸发的一些自目的需求就囊括不进来，比如企业家精神就很难用自我实现来概括；满足好奇心和探索精神，也需要更加细腻的解释。

多年来，一些需求溢出和用户洞察，让我觉得在品牌体验中应该有更加细腻的表达内容。《普通心理学》在介绍马斯洛需求层次理论的过程中，将需求分为七个层次，即生理、安全、归属、自尊、自我实现、认知和审美需要。

在阅读参照了多个理论体系之后，我觉得这个认知模型符合我的工作之路。

消费者认为有价值的因素或消费者购买的决策要素，往往不能用商品的"质量和价格"来表示，如时髦、舒适、美观、大方、名气、体面、流行、有趣、方便、轻巧、耐看等，甚至"高价"也可以成为客户追求的价值，礼品市场和奢侈品市场就是这样。就像人们经常说的，"我不是要买电钻，而是要买那个孔；我不是要买汽车，而是要买速度、地位、权力、尊重、欲望；我不是要买化妆品，而是要买美丽、自信、回头率、爱情"。这些都包含于马斯洛的需求模型。

作为一个普通消费者，在购买过程中，能够用感官分辨出品牌，而这个品牌仅用一个符号表示。关键的问题是，这个品牌符号里到底封装了什么样的体验内容。

现代经济学的可怕之处就在于研究者将人性研究透了，有购买力的中产阶层本质上就是一群被说服者。定位理论在这样的认知之下应运而生。定位理论高大上的条条框框背后其实只有一句话：在消费社会里，需求是可以被操纵的。

品牌定位现在已经变成了一个流派，无数跟随者丰富了定位思想，其实定位思想的本质很简单：我来告诉你你是谁，我的产品可以证明你是谁。在人心中重复植入欲望之后，让消费者以为这就是自己的真实需求。

在七个层次的马斯洛需求层次框架中再回看餐饮市场，那些顶级的厨师做美食，整个过程行云流水，顾客不是在吃饭，而是在欣赏一种手艺，这已经变成了一种艺术，以审美为核心价值的品牌可以容纳技术之美、工艺之美和艺术之美，而这一切表达，均达到了身心统一的地步。这也是新品牌的美学体系。至今为止，对于中国品牌来说，还须继续努力。

3. 强势品牌营销战略和品牌体验封装

企业的本质是为了盈利，品牌战略制定者也不是艺术家，这是一种自我认知，不管世道如何变迁，企业行为必须符合一个商人的身份。

品牌是在什么情况下诞生的？只有当一个顾客走进超市的时候，看到十种袜子、十种毛巾、十种肥皂、十种洗发水的时候，才会诞生。顾客呆住了，她在超市里，实在不知道怎么选了，每一次购物都很烦恼，这种烦恼让很多企业看到了自己的机会。那么，我们该如何去影响用户的心智呢？

这里就有一个决策疲劳的概念，用户其实是不想动脑筋的。他们也没有那么多精力来分辨十个完全同质化的商品。用户的大脑里需要一个列表，将自己认为最好的产品列出来，省得每一次购买都要伤脑筋。

强势品牌在这个抽象的列表里排在第一位。用户通过品牌认知到达产品，这是一个基于用户心智的假设，而如何构建强势品牌，凯文·舍恩·凯勒作为概念提出者，阐述了其核心概念，强势的品牌资产就是基于客户的认知。

企业内部人员定义不了品牌，品牌战略营销首先强调的就是倾听用户的心声，企业要做的事情就是去放大用户的表达。建立品牌是长期战略管理的意识导致的，品牌团队是品牌的守护天使。而顾客喜欢几乎决定了一切。我们甚至可以用一句话来表述：品牌就是讨人喜欢的学问。

建立强势品牌，需要建立丰富的认知，也就是我说的，品牌体验封装。品牌体验封装是我在做咨询方案的时候，为了工作方便提出的一个词语。品牌体验封装就是要将品牌的故事和叙事讲好，品牌经营就是经营顾

39

客的大脑。品牌管理需要关注用户喜好的变化，弱势品牌总喜欢找一些大的机构来背书，但强势品牌认为，品牌在被消费者认可之后才成立。

一切为了顾客喜欢，基于顾客喜欢建立强势品牌，这是一个朴素的思考。对于很多非高精尖创业者而言具备很强的借鉴价值。以卤味小吃品牌绝味鸭脖为例，其一直奉行让顾客讨喜的品牌目标来创立连锁品牌。在全国拥有上万家连锁门店，年销售额达到了50多亿元。那么一个品牌管理方如何管理上万家门店呢？

绝味鸭脖采用中心化和网格化的全流程管理策略，采用"一个市场，一个生产基地，一条配送链"的生产经营模式，这保证了品牌味觉体验的一致性，品牌管理者能够在用户那里得到真正的反馈。标准供应链使门店的工作变得简单，就是卖产品、卖体验、做社群。

品牌管理服务标准化、系统化和精细化，统一形象、培训、促销、定价和配送。虽然是小吃品牌，但在管理体系上则参照麦当劳体系进行对标，这保证了整个品牌体系在运作过程中不会变调。

绝味鸭脖采用了品牌加盟+统一管理的模式，即95%为加盟商、5%为品牌直营商，突出了终端经营主体地位。品牌直营的价值虽然份额较少，但能够直接触达用户，和年轻人生活紧贴在一起，知道年轻人的价值观和消费行为，实现了终端制胜。

绝味鸭脖直营的价值，在于其起到了市场传感器的作用，实现了"线上营销线下落地、多平台移动支付、外卖闪电送达、消费大数据分析"，实现了数据化。

绝味鸭脖只是一个非高科技的小产品组合，已经取得的强势品牌经验，对于品牌研究者具有研讨价值。从传统小吃到上万家门店的连锁品牌，再到构建数字一体化的数据管理系统，这个品牌管理系统已经打磨得很好，一旦进行系统整合，就有机会成为美食的生态平台。一个小产品里照样找到了强势品牌的基因。其他小产品品牌可以借鉴绝味鸭脖的成功经验进行重新设计，从而获得巨大的发展机会。

4. 品牌链式营销模型

"现代营销学之父"菲利普·科特勒在1967年出版了《营销管理》。科特勒认为，消费者在知道如何选择的时候，企业中的营销人员，有责任让他们快速地做出选择。科特勒给出了两个工具：一个工具叫STP，另一个工具叫4P。

其实，这两个工具是一个上下位的关系，上位叫STP战略，由市场细分、目标人群、产品定位三个重要词组成，在这里不过多解释，只提出三个问题：

①你要占领哪一片市场？
②你的用户到底是谁？
③你要给用户画一个全景式生活图像，你的产品定位是什么？

我们前面提到的是4P，其实在营销学上是一种战术组合，是由杰罗姆·麦卡锡提出的：产品、价格、渠道和促销。企业在做营销的时候，大体上就是在这4个词中进行平衡，找到一个最恰当的点，这就是4Ps。

营销学上有一个梦，就是让营销精准起来。这是大卫·奥格威的话：

"我知道广告50%都是浪费的，但我不知道哪个50%是浪费的。"在大众媒体时代，品牌和用户是分离的，品牌的本质就是影响用户的行为，跳过分析直接购买。品牌方的工作也只能做到这个程度。

在数字化品牌营销战略中，用户的需求可以利用大数据进行评估，品牌体验和广告推送给谁，就变成了一个算法和如何分发的问题。

品牌链式营销模型在这个时代被提出来，这个营销模型一开始就是在中国营销圈产生的，主要诞生在一些网络平台的培训系统中。在理论模型中，市场供应链需要倒置过来，从用户内心没有被满足的需求出发，开始一个链条，一直连接到生产线，协同定制经济来满足用户的需求。

简单地说，商业人士都要研究人的欲望，尤其是共通的欲望，一个欲望对应一个商品，将整个供应链全部倒过来，借助数字系统，让客户决定生产，让客户参与到整个供应链进程，并形成完整的体验。客户尤其是关键客户在深度参与之后，会产生情感联结，会不遗余力地推送自己的体验，这就形成了一个循环。

在法律允许的情况下，借助人工智能系统，品牌营销服务正在变轻，人工智能服务系统能够记录用户的行为并进行分析，将高价值客户群体过滤出来，形成企业自己的客户数据库。

拥有客户数据库不是一个终点，而是一个起点，品牌营销战略需要和客户结合在一起，研究客户的未来需求，让企业在一边测试一边经营中，获得更好的实战经验。

5. 品牌社区和用户社区

顾客、客户和用户三个词，大家总是混淆，在翻译成外语的时候，就是一个词语，实际上，三个词是对商业服务对象的细腻区分。顾客往往用在门店服务业中，是指一些零售业和服务业中的一般消费者；客户往往是商业企业间的合作关系人、生意伙伴、产业链协同者；用户则是消费者和生产者合一的人，他们既是企业产品和服务的消费者，又会参与到企业的前端进程中，帮助寻找新的用户。

品牌关键用户策略，主要针对的对象就是第三类消费参与者。意见领袖策略在品牌消费过程中，几乎是一个永恒策略，几乎所有品牌营销策略都会使用。

知名营销学者赛斯·高汀在《部落》一书里说道："传统的企业还在营销，聪明的企业已自建部落。"这本书成书于20世纪90年代，书中没有做出具体的预测，但基于用户社区的思想，对整个营销学界都产生了深刻影响。

对于品牌战略营销体系而言，用户社区思想提供了一个大致的方向。有一个好概念，经营者就知道接下来二十年该和谁在一起做什么样的事情，这就够了。

还是以绝味鸭脖为例。绝味鸭脖几乎同步了用户社区营销，也是国内用户网格社区化做得比较成功的企业，其门店都是社区店，和社会用户建立紧密关系是其第一要务。一万家门店形成的精准用户群的用户数达到一千万人，这是企业品牌的根据地和私域流量。营销小程序中的拉新获客方式、每一天店内的活动、群内的红包互动、线上线下打通、外卖平台满减活动等，构成了用户社区持续的互动方式。

基于数据分析，绝味鸭脖每天的互动时间都是上午11点到12点、下午 5 点到 6 点，这些基础运营数据是根据客单数据做出的选择，而这些数据又会同步到公司的云平台上。这些管理模式的变革都在促使品牌营销的行为模式不断迭代，从而优化到竞争对手看不懂、抄不了的地步。

二、品牌营销战略流程设计

品牌营销战略设计需要先评估品牌营销机会、考量品牌竞争力，然后对品牌营销战略进行细致规划，最后从创意角度规划品牌营销战略的独特性，并从多角度设计品牌营销战略的独特性呈现。但当进入实战流程设计的时候，形成一种可优化的品牌经营工作流，就是另外一回事了。

1. 建立合适的品牌形象

跟顾客打交道，品牌经营强调的是全感官体验，视觉、听觉、味觉、触觉要结合使用，让顾客感受到实在的东西就在自己身边，这是一种常识。顾客绝不会相信抽象的表达，任何抽象思考都是对企业有限资源的浪费。

品牌营销机会评估是整个营销框架的基础。它确保品牌营销目标群体定位、营销方案与价值观念传播、品牌资产管理等都能在相对宏观的背景下做出规划与实施，其涉及对自身状况、竞争者和客户的全面考量。这些都是教科书上的常识，实战时需要内化知识。

毫无疑问，一个品牌小白，其分析框架多数情况下是错的，错误的认知框架导致缺乏合适的思维工具。品牌战略营销是比工厂管理和供应链管理更加复杂、精细的工程，这个认识一定要有，没有这样的系统概念做不好品牌。

标准产品已经成型，一些经过测试的应用已经推向了市场，用户也提出了自己的意见，企业品牌经营者获得了很多真实的正反馈意见，这是建立品牌的前提。

建立品牌的第一步就是为自己的品牌起一个好名字，建立统一的视觉形象，建立完整的视觉识别系统（Ⅵ），所有企图实现品牌经营的企业，在这一步上若做得比较好，在认知难度上就不存在问题。

另外，企业需要构建完整的知识产权，为防止日后产生纠纷，也可以做更多防守型的商标注册，固定知识产权。

企业全流程都需要带标运行，尤其产品本身，应该有一个醒目的标识。每一个产品本身都是一个广告机会，企业需要认识到自己所有的经营行为都自带媒体性。

从我个人咨询观察经历来看，即使做一个弱势品牌，也需要经年累月的坚持。而弱势品牌也有一定的带动销售的能力，也能从无品牌产品中脱颖而出。

2. 创造合适的品牌意义

一个品牌需要捆绑一种生活方式，提供一组关键词，即对品牌进行意义描述。严肃的说法叫做品牌理念系统。

按照第一章我提供的品牌双层车模型概念，品牌理念系统属于上层系统中的内容。理念系统存在的价值需要强调一下，其是基于基础人性需求进行的识别系统。

人与人之间的竞争是永不停息的，强调自己和别人不同也是一种竞争，因为强调自己不同能够带来一定的优越感。人们需要采取一些行动，用一些物质的标志，把自己和别人区分开来，这是本能的需求。置于品牌战略营销领域，建立多层次的识别系统就成为一门生意。

回顾中国品牌的历史，曾经有一个硬广告时代，随之诞生了一个软广告时代，内容型的广告表达往往带有一定的品牌塑造理念。随着大媒体向数字媒体转变，对于大部分商品品类而言，现在硬广告已经全面没落，品牌内容构建、品牌文创成为品牌运营的常态。

合适的品牌意义有一个原则，即真正的品牌用户听到了会产生心灵上的共鸣，觉得说得全对，说的就是自己。让人心灵震颤的意义表达，当然是品牌从业者所追求的境界。潜在的品牌用户在被反复输入之后，也会出现强烈的认同感。

品牌意义对于目标品牌用户一定是一个强刺激。

（1）讲好品牌故事

一个强势品牌一定要有一个或者几个核心故事，并将核心故事讲给全世界听，比如可口可乐配方的故事，配方被锁在巨大的保险柜里，这就制造了巨大的神秘感。这个故事一讲就是一百多年。

毛肚是一种食材，也是涮火锅的必要食材。巴奴毛肚火锅就将毛肚的故事讲到了极致。在创始人杜中兵看来，毛肚食材被重新叙事，变得和鱼子酱一样，充满了品质生活的味道。

进入巴奴毛肚火锅店，毛肚和菌汤搭配就成了一道顶流的美食。毛肚的来源、冷链运输的温度、分切的标准和尺寸、涮毛肚的时间、蘸料的讲究，一切流程变得精致起来。在品牌方讲述的故事中，贯穿着团队进行食材流程管理的故事，即为了顾客能够吃上精致的毛肚，企业可以远涉重洋，在全世界范围内寻找符合巴奴火锅标准的一片毛肚。

一片毛肚的世界故事阐述了一个全球化协作的时代，精致可口的美食成为消费升级的典型代表。精致的美食本身就具有强刺激性、强体验性，顾客很容易成为口碑传播和故事传播者。

（2）迭代品牌理念

一个品牌只要愿意，永远都会找到表述自己的机会。巴奴毛肚火锅成立于2001年，毛肚并不是这个品牌特有的食材，如何将一种食材表达凸显出来，这至少需要十几年的探索过程，而探索过程一定是在经营实践中产生的。

品牌意义的传达往往基于故事和话语，能不能准确说到顾客心里去，这是不断校验的过程。在火锅界，海底捞以"服务"出圈，理念的产生和定型也经过了若干年时间的检验。海底捞也有毛肚产品，但以服务见长的品质追求，无法同时描述自己的毛肚如何好。这就是一种企业品牌战略在营销过程中的选择。

"极致产品主义"是巴奴毛肚火锅的理念选择，精致生活的意义能够在巴奴毛肚火锅获得，至于品牌方如何找到这样的路径，不是创始人一开始就做出的决定，而是在经营过程中逐步显露出来的品牌意义定位。极致产品主义后面跟随了一串更加细致的关键词，这构成巴奴毛肚火锅在顾客心目中的地位。

事实上，品牌的理念对了，市场就会给予足够的回报。巴奴毛肚火锅门店前，夏天也能看见顾客排队等候，而七倍的翻台率，也使其成为同行业佼佼者。

（3）身份和优越感

对于一般的平价高频消费品，对于品牌意义的表达往往是竞争性的。比如，百事可乐定位为年轻人的可乐，可口可乐定位为经典可乐，显然，百事可乐就是用一种身份来切合可乐市场，这是在标榜年轻人的活力，青春大好年华本身就自带一种优越感。

这个案例是老生常谈了，竞争性的意义表达对于过度同质化的竞争而言是有效的。

基于身份和优越感、自我存在感的品牌表达有更大空间。马斯洛需求层次理论中的高级需求对应的往往是身份品牌。

在《人类简史》一书中，尤瓦尔·赫拉利说了一句触目惊心的话：人类语言最独特的功能就是虚构故事，而更重要的是人类可以一起想象，并且这些虚构的故事能够让人类组织更大、更有凝聚力的团体。

越是高端品牌，越靠近人性表达而暂时远离商品表达。

一般消费品牌和炫耀性消费品牌是两个不同的领域，两种意义描述是不同的。一般消费品牌，哪怕是强势消费品牌，也往往没有品牌歧视；而炫耀性消费品牌本身就存在品牌歧视。尽管这些品牌都符合主流表达，但这些品牌理念的背后都有一种歧视链条。当然，这些表达往往都是一种隐喻，没有品牌企业敢于直接表达。

3. 唤起顾客对品牌的积极反应

品牌追求的顾客反应是神经反射式的。一些企业的品牌研究院会邀请顾客来看广告和企业设计图片，观察用户的瞳孔放大程度以进行兴奋度的测量。

到了 PC 时代，网络广告研究者通过视觉影像来判断人们的视觉热点，这些基于顾客的研究在量化顾客购买的过程。实际上，将品牌战略营销引入量化领域，并不能反映市场中的实际情况。

品牌的价值体现在瞬间反应上，在品牌营销战略实施过程中，一定要打造品牌体验的巅峰体验。在企业树立强势品牌过程中，这贴合冰山理论。我们可以做很多辅助性的品牌构建工作，这些往往是潜移默化的，但水面之上的部分，用户需要在第一时间感受到，这就是品牌唤起的价值。

基于身份的品牌往往都是高价值商品，这些都是自我身份的向外投射，而客户往往不知道如何选择。这里可以有一个积极的品牌联想。奔驰企业有一项公益活动，就是进入校园进行交通安全教育，对于品牌认知的种子从少年时代就种下了。对于高价值商品的瞬间反应和莫名的喜欢，往往基于客户更深的记忆和积极反应。

以巴奴毛肚品牌和绝味鸭脖为例，这两个产品的品牌经营系统不同，但两个品牌在唤起顾客对于品牌的积极反应方面是相同的。两个品牌都有丰富的瞬间体验，人类对于味道的记忆十分牢固，一口下去，记忆会跟随一辈子。如果这样的味道被描述为经典，并且经过时间的沉淀，品牌就会变成强势品牌。

4. 与客户建立适当的品牌联系

一个商品一个交易场景。场景营销概念是近十年来流行的一个概念，可以这么说，场景就是系统性区分品牌的关键空间。

一件品牌产品摆错了位置，就像我们知道什么样的鱼能吃，什么样的鱼不能吃，我们不可能到花鸟市场里买观赏鱼吃，红烧金龙鱼肯定违背了人的日常生活观念；艺术家的艺术品不是进入画廊而是摆在路边摊上，这些都是对于场景营销本质规律的违背。

场景是一种对于商品和品牌的封装，品牌产品所有的独特性都植入一个适宜的场景中。我们可能对于品牌企业设立体验店理解不透，实际上，这就是品牌、商品、服务和场景合一的概念。观察一个品牌体验店能够学到很多知识，这是企业创造与客户建立适当品牌联系的方式。

体验店里提供丰富的生活场景，准客户会被邀约体验，客户在这里能够体验四个独特性：产品的独特性、渠道的独特性、品牌传播的独特性、品牌体验的独特性。

（1）全场景体验模式

高端品牌在城市的核心区域花昂贵的租金建立宽敞、有格调的体验店，但这些体验店现场卖货很少，人流量也不大，但品牌商却一直坚持。进店的人如果提供了完整的联系方式，还可以赠送模型和小礼物，这后面的账是怎么算的？这就是一个问题。

在这里，我们强调完整的品牌体验，而不是碎片化的体验。目标顾客在体验店里获得的体验，就是一种完整的体验。品牌经营是讲究体验感的，比如巴奴毛肚火锅就会教顾客如何夹起毛肚、如何涮肚、涮多长时间合适，告诉顾客理想的口味应该是什么，这一套仪式走完，顾客留下了完整的体验，而这个体验在其他地方是没有的。

在中国，我们可以在茶道文化中找到这种体验模式。人们喝茶的方式有很多种，抓一把茶叶放进大杯子里泡，是一种喝茶方式；进入专门的茶室，按照茶道仪式布置精致茶具，焚香弹琴，辅以插花装饰，吟诗作画，通过品茶，让喝茶的人在茶盏中悟道人生，也是一种喝茶方式。对于完整品牌体验，我觉得品牌人完全可以学习茶道经验，设计好自己的品牌和顾客之间的接触模式。

（2）全触点到达模式

全场景体验模式提供一种全身心沉浸式体验，这无疑是一种高成本的方式，但这种体验模式会成为品牌的格调，让顾客不从性价比的视角看待问题，而是关注身份感和优越体验。

品牌战略营销注定是全员营销。之前我们对全员营销是有误解的，因为其至少违背了管理学上专业人做专业事的原则。对于一般企业而言，奉行产品至上的营销当然需要专业营销人来完成产品交付。但一旦企业将品牌经营作为整个企业战略的组成部分，那必然就会要求所有人要换一种思维方式，即人就是品牌的触点，人就是品牌的媒介。企业需要有一个全触点的到达模式，来实现无处不推广的目标。

有一个不算恰当的比喻，品牌企业的经营者都需要一种传教士精神，在这个内核精神的基础上派生出非常细腻的品牌管理系统，渗透到每一个人的行为系统中。

在实际操作过程中，品牌企业需要积累标准和符合品牌秉性的话术，话术对于非专业员工来说就是一个简单工具。很多品牌战略营销方案里，都有自己的话术，这些话术，既是向大众表达品牌内涵，也是企业员工的品牌读本。

随着数字经济的发展，品牌经营者发现自己已经处于一个网状的数字社交架构中，所以全触点营销已经成为网络时代的标配模式。每一个员工需要在做好自己分内事情的同时对企业品牌形象负责。

在数字自媒体时代，品牌运营的一个趋势就是向一线员工下沉，谁接触用户，谁就是品牌经营者。即品牌营销和服务营销开始融合。在我们谈及海底捞火锅的案例中，一线的服务人员有一定的免单权，这些一线服务人员作为一个触点，符合"让听到炮声的人指挥炮火"的管理原则。

品牌运营流程需要改变中心化的运作方式，让网状的品牌运营系统发挥作用，这对于很多传统品牌来说是一个认知挑战。

（3）混合强化体验模式

建立品牌的过程是一个复杂的系统，面对复杂系统，如何进行管理？我们面对的是一个灰度的环境，因此在此引入两条灰学的基础原则：

①任何单一方案都有局限性；
②任何综合方案都优于单一方案。

显然，品牌战略营销不仅仅是品牌经理的事情。如果仅是品牌经理管理品牌，那在机构设计上，就会被认定是一个功能部门，那就谈不上战略了。

品牌经理在单一的品牌战略框架内有向上和向下管理的权限，也有横向的跨部门协同权限。实施品牌战略从某种角度来说，意味着企业放权、重建企业的信任系统。这样的结构调整，很多初创的品牌企业往往不太适应。

品牌经理职能的转变，是基于数字自媒体时代的现实。我在前文已经说过，品牌作为企业重要的战略资产，其管理机制类似于金融证券的管理模式，管理强调效能和效率，在时间管理层面属于快速反应机制。这个时代，品牌管理需要尽早对顾客的体验进行反馈，直至完善到读秒响应模式。

混合强化体验模式看似分散杂乱，媒体投放也不是一家媒体，而是一个媒体矩阵，但这符合数字时代的规律，数字时代的品牌传播策略是碎片化的，但需要思考好碎片化体验和完整体验之间的辩证关系。

品牌经营者需要知道，当下就是满地碎银子的时代，而混合强化体验模式能够聚集价值、聚集资源、聚集组织、聚集团队、聚集用户。而战略品牌营销统合场景、渠道、触点、内容和形象识别，能够产生混合体验。

企业的品牌表达不如用户表达。在综合强化体验模式中，用户积极回应能够带来更多用户。普通用户的积极响应，特别是普通用户群体的积极响应，对于打造一个积极自信的品牌，具有更大的价值。在当下，以餐饮业为例，基于普通用户的口碑营销已经占据了非常重要的地位，餐饮企业需要将品牌口碑管理作为单店突破的主要方式。

三、品牌营销的流程控制

内部讨论讨论不出好的品牌战略。我们需要秉持品牌战略来源于典型顾客的基础原则,这是网络时代建立品牌的底层思考。品牌营销的过程控制,并不需要品牌经营者具备超级能力,只需要在品牌营销战略落地的过程中做一件事:在整个商业市场里,找到经过验证的品牌工具,形成自己的工具组合。

1. 品牌创始人品质和决心

品牌战略是企业的顶层战略,品牌运营道路是一条需要勇气的道路。很多人认为品牌运营是从设计一个标识、注册一个商标开始的,事实上并非如此。

我在这里同样移植一个思维过来,用技术型研发公司的思维和品牌战略思维做一个比较研究。战略从人性层面来看其实很简单,信什么就选择什么。我们看到技术研发公司每一年为新技术投入了巨资,这里有一个逻辑,企业创始人必须相信对新技术的投入会带来回报。这个认知逻辑链条谁都懂,但不要小看这一条,这就是第一性原理。

技术公司为研发舍得投入,这建立在对科技的信仰之上。知名投资人盛希泰说:"我看到的国内项目中,科技型企业占比大约为3.5%,发达国家的这种类型企业大约占 3 成。"只有极少数企业建立了对于科技研发带来价值的朴素认知，这是事实。谈到品牌战略，中国只有少数企业建立了对品牌资产和品牌投入带来价值的朴素认知。

话天天挂在嘴边，这并不意味着完成了认知闭环、变成了一种经营本能、形成了一种路径依赖。这是一个对于知识产权和虚拟资产的价值认知，改变认知的方式唯有自我探索。

创始人的品牌认知品质决定了品牌战略的成败。从品牌视角来看，企业就是创始人内在精神的物化投射，企业品牌的表现实际上可以视作企业创始人的精神孪生。这是"道生一"的关系。

品牌战略体现了创始人和管理团队的意志，强势品牌的路途注定遥远，企业需要有永续经营品牌的决心。

2. 识别系统导入和管理梯队建设

回顾一些全球知名品牌的历史，能够从中找到企业创立品牌的一般方式和路径。大部分企业确实是从一个响亮的名字和有高度识别性的标识系统开始的。

还是以可口可乐为例，其醒目的大红字母标识，瞬间就能让人想起无数小气泡在嘴里爆裂的快乐感觉。当我们回顾历史的时候，会发现不管时代如何变迁，可口可乐传达的一直是一种乐观向上、载歌载舞的生活状态。在塑料和易拉罐包装没有出现之前，可口可乐独特造型的细腰瓶子，也成为产品的主要特征。争取在每一个经营环节都显出自己的独特性，这是可口可乐品牌运营的一贯模式。

追求不一样的外观是早期品牌企业运营的一致追求。第一个完成识别系统工程化的人是德国工业设计大师彼得·贝伦斯。他在1907年为AEG（德国通用电气）设计了第一套完整的企业形象识别系统，以整体化设计标准来统领整个企业对外传达的形象，建立全运营过程的区分识别模式。

应该说，在今天和可预计的未来，企业形象识别系统的支撑框架依然坚挺，这是我们在高速动荡的市场环境中能够找到的好工具。

每一个企业均可以在数十个设计类别中找到容易被识别的设计点，然后对品牌标识、产品外观、企业标准色彩、商品成列、店铺设计等，按需设计，建立企业自己的形象识别系统。

品牌营销战略管理流程设计是和企业形象识别系统一样重要的配称系统，其将看得见、摸得着的标识系统管理起来，而理念和价值观系统则是水磨功夫，需要更长的时间建立一致的价值观认知体系，让员工成为标识系统的合宜使用者，也成为"传教士"内核的价值观传播者。有了管理对象，建立品牌标准化管理手册，所有人按照这个手册进行操作，这种方式虽然古板，但还是有效的。统一品牌运作手册，将所有关于品牌全流程管理的内容纳入体系，并且不断完成迭代，这也是熟悉业务的过程。

作为拥有千家门店的餐饮品牌，真功夫餐饮是一家成功的连锁餐饮企业，在企业品牌扩张过程中，其标识系统因为和武术大师李小龙高度类似，所以存在争议。争议存在了十多年才告一段落，原来的标识系统作废，新的标识系统开始采用。这种争议会给企业经营带来风险。而企业的标识系统是企业高度凝结的资产核，容不得有任何闪失。

真功夫品牌定位是一种侧翼攻击型的战略定位，将快餐市场切分为爆炒油炸品类和蒸食品类，而自己坐上了蒸食品类的头把交椅，并在实际上占据了一个品类。

真功夫的企业故事讲述得也很不错，品牌经营者在顾客的心智中植入了一个概念："蒸"就等于"营养"，并将自己营造成为"蒸的营养专家"，确立了"营养丰富的、健康美味的、为您着想的蒸饭快餐连锁"的品牌定位。这种定位让竞争对手无法反击，对手不能宣扬"爆炒和油炸的食品更健康"，这种诉求没有说服力，这给了真功夫很好的发展机会。

对于大众化的快餐连锁企业而言，竞争性定位是一种适宜的方式。但头部品牌需要完成顾客识别到品牌共鸣的一系列过程，使用户产生一系列的直接感受，因此，就品牌管理而言，真功夫品牌还有机会走向更大的市场。核心故事还要继续讲，不仅在中国讲，还要在全世界讲。

在前文中，我已经论述过管理梯队的建设，识别系统做好了，品牌定位和品牌故事也设计好了，剩下的事情就靠多层次人才来执行这个战略，共同打造用户品牌体验的完整性。

3. 品牌运营培训和品牌裂变

品牌营销人才的培养机制需要被提到一个战略高度。我在前文中已经粗略谈及品牌扩张的基础原则，这里同样需要在商业世界移植一个成熟的模型。

品牌战略营销模式本身是一种扩张文化，扩张文化的本质就是内部复制以扩展更多的空间，这就是我们说的品牌裂变模型。品牌战略的核心价值就在于运营系统的可复制性。

餐饮连锁品牌可以建立自己的品牌运营学院，通过一边实践体悟、一边培训教学的方式来培养品牌运营管理人才。员工不经培训直接上岗是错误的做法，如果没有专门的学习场所，教练式和师徒式方式也可以快速培养人才。

如果说有国际案例可以借鉴的话，我觉得麦当劳汉堡大学是一个非常好的例子，对于中国的规模品牌连锁企业而言，这是一个经过60多年市场验证的品牌人才培养体系。

作为全球第一家品牌连锁企业运营学院，麦当劳汉堡大学成立于1961年，这凸显了企业的一个功能，就是培养人才。该大学自成立以来，总部每年能够培训8000名学生，而这些学生来自全球120多个国家，这是天然的跨文化品牌学院，使用二十多种语言进行课程培训。

麦当劳的品牌连锁事业涉及众多文化的跨越问题。对于中国市场，品牌经营方形成了一个非常系统的培训体系。麦当劳中国汉堡大学成立于2010年3月，位于上海，是全球第七所汉堡大学。仅仅成立十几年，就对22000名麦当劳员工进行了系统的品牌运营和领导力培训。除了上海，在中国大陆，麦当劳还有16个领导力学院，可以这么说，麦当劳汉堡大学就是餐饮连锁行业的"哈佛商学院"。

成体系的品牌管理模式对于品牌企业而言，其价值不言而喻。麦当劳汉堡大学的先行实践，对全球品牌企业的运营都有很大的借鉴价值。很多国内品牌运营商对于品牌的理解尚未系统化，实际上，以麦当劳汉堡大学为蓝本的完整品牌体系，完全是公开且开放的系统，只要愿意，学习和借鉴就是一件很轻松的事情。

4. 品牌合规贯穿所有经营行为

和一般企业不同，一个强势品牌企业在品牌战略营销过程中，要自觉让自己的企业导入一个类似上市企业的管理模式，在各个方面都要合规，因为品牌企业本身就是一个公共企业。

一个工业零部件供应商隐藏在更大的制造业产业链中，大众不关心它是谁，这个企业产生了什么问题，企业员工的生活、工业方式也不会受到限制。

品牌企业则不同。品牌强调传递完整的品牌体验，企业所有的行动都在创造用户感受，用户喜欢和不喜欢，就成为企业向前走的边界。不要干用户不喜欢的事情，这是对品牌企业内所有人的约束。作为企业品牌管理者，其不能有和主流价值观对抗的语言和文字，在做公众表达的时候也需要记住，这不再是一个人的事情，而是整个企业的事情。

一家品牌企业创始人和核心高管的道德问题、婚姻状况、婚外状况等，都不能违背品牌感受，一切行为都有边界，这就是成为公众企业的代价。

随着数字技术的发展，在人人都是自媒体的时代，对于品牌的约束更加严格。企业需要为此制订合规的一般准则，对于用户不喜欢的事情，列出一张表单即可。舆情管理和负面情绪管理需要被提上日程，品牌在这个方面马失前蹄的例子太多了，对此不再做案例说明。

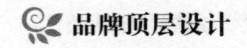

四、品牌营销的效能衡量和精确管理

我们需要有一套体系来衡量品牌战略营销系统的价值。一个不能被考核的系统，事实上就是一个没有进行良好管理的系统。衡量品牌价值有几个维度：定价权、用户社区规模和品牌资产估值。企业可以自己评估，也可以委托独立品牌评估机构进行参考性评估。评估是管理系统得以运作的关键行为，评估的内涵依据企业自己的品牌战略制定，评估系统是动态的，如何评估，则是企业的战略行为。

1. 品牌营销理论框架展望

品牌营销经历过大媒体阶段和大数据管理阶段。

在回顾中国品牌历史的时候，我们看到一些被称为名牌的企业在主导性的大媒体上投入巨额资金做广告，同时，结合商品销售额进行投入产出比测算，"每天开进一辆桑塔纳，开出一辆奔驰"就是典型的说法。效能管理本质上就是算账，只要合适，就可以按照这个模式走下去。

但这个模式在2000年左右就走不下去了，原因是这种方式不合算了。品牌经营者这个时候需要建立新的效能评估模型，找到一种新的路径，实现更高的投入产出比。按照前文灰学的基础原则：从单一方案转向综合方案，从无限扩张的品牌营销策略转变为根据地策略，企业开始研究消费者行为洞察理论。所有能够渗透到目标用户市场的品牌行为，形成了一系列组合，这种组合在过去20年是有效的，也诞生了一批靠品牌定位理论崛起的企业。品牌定位和渠道组合，加上终端执行能力，构成了新的品牌营销三角形框架。

如果读者有心的话，可以去搜索一些老牌营销杂志的过往文章，只要看标题，就能够知道每一个小时代的品牌战略营销的主要关注点在哪里。比如，第一代品牌营销强调打造超级符号，这些文章在多数情况下强调一句口号制胜，金句和创意占据了品牌的业务思考，底层思维是无限市场假设；当第二代品牌营销兴起的时候，品牌定位、符号识别和终端渗透能力形成了一个效能组合，有综合能力的企业就赢了，这个时代的底层假设是有限市场的价值传达。

从餐饮连锁品牌的视角观察，现在在市场中运营良好的品牌，具备高效能的价值创造能力，基本都是以综合能力制胜。

回到当下的品牌营销，我们已经进入了集体迷茫的时代。这回到了创作这本书的初心，我们已经没有合适的理论可以支撑了。也就是说，我们需要在当下的品牌营销中，找到新的效能组合模型面向未来十年，制定新的品牌方案。

品牌战略营销需要对未来负责，未来思考是品牌战略营销最重要的组成部分。综合能力制胜的思维已经变成了竞争的零和游戏。理论探索也成为品牌营销业者思考的问题。

正如任正非发表在心声社区的话："华为现在的水平尚停留在工程数学、物理算法等工程科学的创新层面，尚未真正进入基础理论研究。随着逐步逼近香农定理、摩尔定律的极限，对大流量、低时延的理论还未创造出来，华为已感到前途茫茫，找不到方向。华为已前进在迷航中。重大创新是无人区的生存法则，没有理论突破、没有技术突破、没有大量的技术积累，是不可能产生爆发性创新的。"

本书没有构建下一代品牌营销理论的能力，但可以构建一些面向未来的想定。借助生物思维，引入生态化品牌框架，找到一种底层的思维方式，重新衡量企业品牌经营的价值，就是本书需要表达的骨架部分。

生物思维将繁衍传承作为第一本能，品牌的价值也不再是追求利润最大化，而是和整个社会更友好、更加适应环境，并且成为一个强势物种。强势物种能够和榕树一样，一木成林，落地生根，和大地融为一体。而在林间，无数的物种可以在这个生态架构中生存繁衍，品牌逐步演变为一个生态母体型品牌。

按照这样的思维方式，品牌战略营销就会去寻找自己的产业规律，寻求一种和环境相适应的演化道路，经营者也没有必要过度扩张，因为新的品牌价值理论会带来新的算账方式。以自己的产业规律为参照，企业一定会找到新效能评估模式。

2. 大数据管理和精确小数据管理

大数据时代的品牌管理也是品牌战略运营圈的热词，大数据营销的实现，在一定程度上冲击了传统老板的财富观，人们之前以为厂房和机器很值钱，但现在财富的基础算法已经发生了变化，大数据是信息时代的石油，也是关键财富。

如果认同大数据营销的价值，那么就很容易认同品牌的虚拟价值，大数据思维和品牌价值理论在本质上是共通的，二者都是基于用户数量和关系联结的价值框架。

之前，有一位资深的广告界人士说："一家企业每一年投入几千万的广告费，得到的评估报告很简单，就是广告在媒体投放的时间段的列表。对于广告到底对企业的品牌营销产生了多大帮助；到底是广告的作用，还是营销人员的努力；下一步品牌资产价值如何评估；这些用户到底是谁；一概不知道。"

数字化销售的好处就在于销售本身就是数据积累本身。例如，植物医生是中国美妆产品的领军品牌之一，其创始人谢勇决心为5000家分布于东半球的门店提供大数据管理方案。

谢勇提出了一个要求：植物医生旗下的5000家门店卖出去的每一个美妆产品，一秒内就要显示在总部的大屏幕上，并且人工智能能够对顾客进行简单的分类描述。

大数据工程师和人工智能工程师完成了这样的系统构建。事实上，在中国，任何成规模的餐饮连锁企业，都可以借鉴这种模式。

数据挖掘的目标就是要建立企业精确的小数据。基于精确的小数据管理，已经成为品牌管理的一种趋势。新的营销框架要求朝相邻的边界向前一步，例如，一个餐饮连锁品牌企业已经拥有几百万用户，真正的营销就是从这几百万用户开始的。企业自己建立的小数据池，会随着品牌企业和用户互动的沉淀，成为品牌企业的战略资产。

品牌营销获得新客户依赖于原来的用户群体，现在每一个人都有自己的朋友圈，几百万人只需要向外扩散一圈，就能将体验和产品信息送达上亿人。

原生数字时代的品牌运营者，并不需要转变思维，就可以使用数字工具来应对品牌数字化营销，而对于上一代经营者而言，只有少数人能够完成这样的转变。比如，喜茶创始人聂云宸，其不但熟悉年轻一代人的生活方式，而且对移动互联网行业的发展规律具有清晰的认知。喜茶门店创立的时候，也正是数字化社群开始起飞的时候，庞大的用户群和高频的消费热点形成了共振关系。这种数据管理模式，得到了资本市场的高度认可。

在华尔街，人们将老一辈创业者获得的资产称为"老钱"，将基于互联网和数字化评估系统获得的资产称为"新钱"。显然，喜茶连锁店短平快和标准化的特点，符合互联网企业的一些特征，也具备全球化扩张的潜力，很可能成为中国餐饮全球化的第一波推手。事实上，其在欧洲的门店也获得了年轻人的喜欢，所以其获得红杉资本战略投资就不奇怪了。相对于很多餐饮老品牌而言，聂云宸创造的财富，是用新的算账方式获得的"新钱"。

3. 独立价值评估，保留第三只眼睛

对品牌价值的评估是一个专业领域。一个做产品和门店运营的品牌企业，往往对品牌资产不敏感。比如，品牌经营者很少会感受到一次失败的公关事件对于品牌资产的影响。

品牌价值独立评估机构的价值在于帮助企业真正认识到品牌的价值，当品牌资产受到侵害的时候，能够被准确地衡量出来。

餐饮企业品牌在进入资本市场融资的时候，品牌的重要性就体现出来了。品牌机构对企业品牌的评估，会形成一个指数，这个指数就是衡量品

牌价值的参考指标。当一笔融资进来的时候，品牌是作为货币资产参与折算的，拥有强势品牌的企业，其大部分估值并不在实体资产中，而在品牌资产中。

品牌价值独立评估机构的第二个价值就是，帮助品牌企业梳理品牌扩张的潜力。例如，宝洁公司的品牌矩阵打法，就是充分发挥了品牌扩张的潜力，形成了多品牌的联合打法。

国内还没有多少实践案例可以说明，但我们完全可以做一个思想实验，像喜茶这样的新消费品牌，其估值系统也超越了百亿元。按照资源存量来说，绝味鸭脖这样的品牌连锁企业，拥有成熟的管理系统和成建制的管理人才，为什么其不另外成立一个独立品牌，孵化像喜茶一样的企业呢？按照年轻人的消费习惯，一家鸭脖门店的旁边最好有一家奶茶店。就像肯德基和麦当劳一样，是相互跟随的战略，形成一个品牌运营的缠绕结构。

第三方独立品牌估值机构会给出相应的建议，但是否采纳，则是品牌方自己的战略选择，而这就是对品牌运营的建议价值。

第三章 品牌认知和新传播战略

企业需要打造完整的品牌感受链条，品牌市场的有效开拓，需要消费者对该品牌形成初步的、基本的乃至系统的认知。有了对品牌的认知，消费者才能产生消费行为；有了对品牌的认可，消费者才会形成持续消费行为；形成了长久的消费市场，才会建立起超级品牌，打造品牌资产，以品牌杠杆撬动品牌、企业乃至整个产业的发展。

一、品牌认知定位怎么做

提到建立品牌,肯定有一个共识,那就是建立视觉化识别系统,也就是从一个符号开始。但符号都是高度概括的抽象图案。早期,由于印刷技术的限制,人们往往会用极少的色彩进行高度凝炼。随着互联网数字时代的到来,符号可以和一幅不需要思考的高感知图像联结在一起,形成超级图像,来替代超级符号。

在实践中如何做呢?单独的标识传播往往费力不讨好,对于品牌符号单独传达的短板,一些老品牌经营者心知肚明。消费者并非讨厌复杂,而是讨厌概念和抽象。

麦当劳中国公司的标识现在命名为金拱门,这就是抽象字母到具象描述的转变。研究发现,小朋友在吃汉堡的过程中,最有感觉的核心点并非M型符号标识,而是立在门口的麦当劳叔叔,当这两个进行组合的时候,就形成了一幅超级图像;加上汉堡包的味道,以及赠送的加深记忆的小玩具,就形成了一个有感的视觉组合。

同样,国内的中小品牌商也可以根据自己的条件形成视觉组合。

1. 记住和认知,谁先谁后

如何让顾客记住企业的标识,即产品购买行为的识别模式问题,这里可以移植一个思考模式，叫"21天习惯培养法"，广告时代就是这种打法，通过重复表达让大众记住品牌，用符号传播建立品牌联想。

这种打法，在今天很难实现。现在消费者的时间已经碎片化，想要重复传达实现记忆的成本太高，而且即使公认的权威大众媒体也和目标消费者无法实现时间重叠。企业需要主动培养消费者的消费习惯，这个常识大家都知道，但如何实施就成了问题。

完整的视觉传达系统还在演进，理想的状态是用户一次就记住，这是品牌战略营销过程中的挑战。"一次传达到位"的思维模式，需要品牌经营者认真思考。

例如，肯德基、李先生和真功夫的标识系统，从科学性来说，其是标识和超级图像的合一。从视觉记忆原理来说，人对于人脸的识别能力是最强的，一次见面，只要稍微有点兴趣点，就可以记住一辈子，即使忘了名字，也会记住这张脸。顺便说一下，名字是理性符号编码，人脸是一幅图像。

其实还可以恭喜餐饮行业，人类一次能够形成一辈子记忆的行为，除了人脸识别，还有特殊的美食味道识别。每一个人都有发言权，也有自己的味道体验经历，这也是一种高感知传达。

在餐饮行业创造的品牌运营经验，可以移植到更多的产品类领域。比如某餐饮高端品牌，他们有机会创造顶级的味觉体验，然后进入全球推广的场景中，和中国汽车品牌进行捆绑。中国汽车出征全球100多个国家市场，这样，餐饮品牌就可以伴随提供中国味道体验。中国的美食中，有太多的选择可以让全世界体验过的人记一辈子，因此可以用顶级味觉品牌为中国品牌提供强烈感受。

一些高价值商品和强感知力的品类捆绑，有利于形成一种传播组合。在几十年之前，广告商就知道建立品牌联想的重要性。所谓品牌认知，其实就是顾客在碰到视觉符号和超级图像的时候，产生的联想内容。人的五感知觉和品牌之间形成一种组合，这就是记住捆绑认知的传播行为，在未来，这种跨界建立传播组合的案例会越来越多。

理想的传播模型当然是记住和认知合二为一，理解了这个目的，也就理解了 IP 营销和场景营销的价值。在这里，我们需要理解一些大品牌搞活动的背后意涵，尽管企业之间的传播模式不同，但内核是相同的。

在追求记住和认知合一的品牌传播进程中，也有现成的学术研究原则可以学习，即框定消费者的心智模式，不要犯常识错误。消费者通常表现出哪些心智模式和特征呢？特劳特与瑞维金在《新定位》一书中列出了消费者的五大心智模式：

（1）消费者只能接收有限的信息

前文已经说过，除了人脸和特别的味道，这是不受数量限制的记忆模式，对于抽象符号的记忆，人们能够记住的太少了。有兴趣的会记住多一点，比如，球迷会记住所有俱乐部的标识，车迷会记住所有车牌的标识，有强烈兴趣的可以帮助记住更多的品牌符号。

但在寻常的场景中，消费者会按照个人的经验、喜好甚至情绪来选择接收和记忆信息。而且在同一个产品种类里，消费者能够记住的品牌也是非常有限的，一般是 2~3 个。企业在营销中要考虑的是，进入消费者有限心智里的前两位如果无法实现，就要重新思考和定位，寻找一个可以让自已成为第一、第二的品牌。

(2)消费者喜欢简单,讨厌复杂

简明扼要,直接上结果,这是移动互联网时代的要求,消费者不会给品牌企业铺垫的时间。餐饮连锁的理想店铺陈设需要有一个具象的大图像做表达,肯德基和麦当劳的橱窗都会有超大的汉堡和炸鸡海报图像,图像色彩鲜艳,能够触发品牌联想,直接引起食欲。

少用文字表述,多用图像表述,追着核心概念,一图表达到位。这就是影像时代的主要表述方式。好的办法是,用一种主打的核心概念去统率所有信息,容易让消费者记住,并产生兴趣,之后,他们自然会进行更详细的了解。

在定向传达的时候,简单胜复杂,具象胜抽象,直接胜间接。

(3)消费者缺乏安全感

行为心理学认为,我们接触到的人是有盾牌的,即一个人的防御机制。品牌的价值就是让人在购买的时候,突破消费者和品牌商品之间的防御机制。面对任何新事物,消费者首先开启的行为心理就是防御和抗拒。

设想一下,街上新开了一家饭店,顾客怀着忐忑的心情过来用餐,在顾客心里,必然会有一连串的问题,进店的过程,也是克服障碍的过程。但连锁餐饮品牌就不会碰到同样的问题,在用餐伙伴中,只要有一个体验过该店服务和味道的人,他就可以充当向导,消除人们的防御机制。

对于高价值奢侈品的消费,消费者更加注重整体场景中品牌的自我证明。欧洲一些品牌方在给女性顾客戴首饰的时候,往往采用半跪式,让顾客感受到尊崇，同时传达对于皇室的服务也是如此的事实，并且有历史照片为证，一系列的体验能够完全卸下顾客的防御机制，营造一个主人在场的安全环境。

品牌要注重历史心智资源的挖掘，还要分享成功案例、老客户使用经验，使消费者产生安全感和信赖感。如果是新品牌，缺乏比较长的发展历史，则可以注重区域或者国家心智资源的挖掘和利用。

防御是人的本能，消除消费者的防御机制要靠品牌方的一句话自我证明。

（4）消费者对品牌的心智印象不会轻易改变

记忆和认知实现统一的品牌，至少能够兴盛一代人的时间，这就是品牌价值的魅力所在。品牌企业在建立认知的过程中，需要慎重，品牌跨界表达，从某种程度来说，就是毁灭品牌。

比如，当海底捞以工厂化模式生产和销售家用火锅底料的时候，事实上自然变成强势火锅底料品牌，这建立在顾客认知联想的边界之内。建立跟火锅相关的所有上下游农产品生态平台，也并没有跨界，边缘体验做好，可以促进主品牌的价值提升，这就是一个品牌的自觉。

品牌形象一旦建立起来，只有强化定位体验一条路。建立"第一印象就是最终印象"的品牌思维，这是品牌企业必要的定力。品牌可能会迎来内涵转变的战略转型，比如上一代人喜好和下一代人喜好刚好相反，即品牌面临主要顾客群体的变迁，即使转型、改变认知表达，也需要一个漫长的过渡期。

品牌是企业的旗帜，改旗易帜的行为，在根本上就违背了品牌规律。

（5）消费者的想法容易失去焦点

在互联网互动营销时代，一个顾客往往是在正面信息和负面信息充分表达的基础上来理解品牌。传统的品牌理论往往谈及的是构建，但我们面临的时代，是一个品牌构建和拆解同时进行的时代。没有办法，拆解一切就是后现代社会的基础特征。

消费者变成了市场中的权力中心，这是新的品牌理论构建的基础。让顾客自发或者自觉维护品牌认知，是未来品牌管理的重要环节。

在帮助企业梳理案例的过程中，我会问及一些品牌用户的感知变化，发现品牌建立的过程确实是一个逆水行舟的过程，一个有传播力的负面评价会对品牌产生连带伤害，让顾客清晰的品牌认知重新模糊起来。

一个典型的品牌死亡过程大致会遵循以下几个步骤：记忆和认知清晰阶段；负面信息和品牌越界使定位认知变得模糊；从必选品牌降格为备选品牌；品牌印象逐步淡化，开始淡出市场。

一次大众型的负面公关事件，就会让品牌认知坍缩一次，所以品牌风险管理需要提上日程。

保持认知清晰、防止认知模糊是品牌一生的熵减行为。

2. 相互定义，消费者身份描述

在品牌定位过程中，有一种从善如流的行为模式，即顺着主流顾客群体的特质往前走，这就是"谁买我的产品，我就夸谁"的基本操作模式。

"用品类来思考，用品牌来表达。"这是一个简单的思考模型，这个大原则没有问题，但在当下实践中，如果仅仅关注品牌方自己的表达，这种行为模式已经值得商榷。每一个品牌都想成为品类的代表，朋友多、敌人少、竞争少，这是一种理想状态。在高度竞争的餐饮连锁行业里，几乎没有品类代表，即使有，也在一些文字里，对于大部分同行业企业而言，毫无借鉴价值。

现代品牌营销过程是一种互动营销过程。品牌方想要按照自己的意愿给人贴标签，但顾客接受不接受这个标签，这是一个问题。

在总体认知上，品牌不应急于表明自己是谁，而是要和用户一起定义自己是谁，在旧的品牌理论中，大概不会接受这种品牌共商机制。

我们也需要承认，品牌是由核心用户群体来代表的。之前描述过，品牌资产养在用户的心智里，这是"品牌经营开始走群众路线"的经验。聆听为主、总结表达为辅的实战模式，需要贯穿于品牌管理的进程中，使整个品牌运营节奏跟主要用户群合拍。

品牌路线具体如何操作，我可以举例说明。这样的案例有很多，互联网原生品牌的案例可以进行分析，它们基本上遵循了上述的品牌互动原则。以三只松鼠为例，三只松鼠将自己定义为顾客的宠物，整个话语体系在品牌表达过程中都是独特的，松鼠形象也映射了一种时尚的甜宠文化，服务提供将顾客一律称为"主人"。所以，顾客在购买三只松鼠干果时，会有一种被二次元文化席卷的感觉。

经营用户就是经营粉丝的模式，一开始就贯穿于企业产品营销过程中，而且品牌文化中确实具备浓厚的萌宠文化。企业拥有上千名员工，平均年龄23岁，和企业外部的用户在年龄上基本一致，这种同龄相吸的引力，打造出这样一个自带形象IP的干果品牌。

有人将消费者总结为五个阶段性角色，一步步参与到品牌企业活动中，同频品牌步调，即受众、购买者、体验者、参与者、传播者。这里有一个新的假设，就是营销从购买后才正式开始，这是一个不同的思维模式。

对于绝大多数消费品而言，购买决策很简单，第一次购买是消费者的一次尝试，第二次购买才是正式购买。回头客管理在餐饮行业里是基础思维，餐饮行业的这一份经验，其实值得移植出去。顾客在饮食过程中获得了体验，变成了积极评价，这时候，企业的品牌价值才会得到提升。当亲友们下一次宴请或者用餐的时候，这些积极评价会起作用，这时候，顾客就变成了参与者。参与者对于餐饮品牌的塑造极其重要，这就是餐饮企业总是竭力使每一位顾客满意的原因。

如果观察任何一个餐饮连锁店会发现，这些经营者都知道和一群关键参与者做互动，这是品牌管理者的日常，品牌管理就是持续培养品牌传播者的过程。

3. 品牌"升维+降维"角色定位

品牌有心智，用户有心智，相互之间解码调频的过程，其实就是品牌角色定位的过程。通俗地讲，品牌就是用户的知心哥哥和知心姐姐，能说出相互理解的话，还能够对用户进行拔高，使顾客对生活更加有信心。

在中国旧话语的表达体系中，品牌消费品俗称行头。品牌消费品是顾客用来打造外在形象的工具，这是一个先升维再降维俘获心智的动态过程。

关于品牌角色定位，其实属于一种消费文化表达的范畴，似乎暗合了文学创作中"源于生活，高于生活"的一般原则。

从用户心智角度来说，消费者花更高的价格购买溢价品牌，这是品牌经营者和消费者之间的一种心智约定，赋予消费者一种自洽的身份。

一般情况下，消费者默认品牌方拥有定价权，这种定价模式一般采用不减价或者价格提升模式，这对于品牌企业而言，拥有巨大的利益，这意味企业已经摆脱了性价比模式，进入一种身份标识物的通道。拔高型消费或者奢侈品消费均在此列。

不同的品牌在消费者心目中扮演着不同的角色。通过调查发现，品牌可能会扮演几种重要角色：品质实现者、地位彰显者、自我表现媒介、奖品。

（1）品质实现者

品牌可以为产品质量与利益背书，满足消费者对质量的需求。也就是说，品牌是品质的呈现者，而消费者对品牌的选择也意味着其接受了品牌所承载的品质。

（2）地位彰显者

品牌使人们感觉到自己在事业成就上获得了肯定，满足了"社会尊重"的需求。当然，品牌方还应探讨更高层次的内涵，形成更有意义的品牌差异。

（3）自我表现媒介

品牌认可消费者对自我的了解，同时通过表现品牌的某种独特形象和内涵，使品牌成为消费者表达自己的想法、价值观念、品位、个性的一种载体和媒介。

（4）奖品

品牌可以为消费者提供物质上和精神上的满足。部分消费者会通过购买某个品牌，犒劳自己、鼓励自己，减轻工作或生活带来的压力。

这些分类都是教科书上的一般分类，在实际角色表达过程中，品牌角色是多种潜在需求的组合。有时候，一件商品往往含有上述四种需求，比如花2000元买一双品牌鞋子，这些购买者会自动生成一个小心思，谁要是在人群中识别出了自己的鞋子，并且说出品牌意义，那就是自己的同类。

4. 品牌文化原型占位

文化的力量往往被认为是一种虚空的难以捉摸的存在，文化原型这个词也很抽象。在过去很多年里，每一个餐饮品牌都在讲述餐饮文化，但谈到品牌文化总是一头雾水。

国际上关于"品牌原型"的描述，往往显得太复杂，跨文化之后，理解起来不知所云。但品牌原型有一个核心表达，即有生命力的品牌往往具有人格原型，这在东西方任何一种文化中都是共通的。人格原型是文明体系中的一个人文元素。对于品牌经营者而言，如果有占据一个文化原型的机会，实际上就抢到了一个很好的文化定位机会。

还是用简单的案例来说明品牌文化原型如何定位，更本质的说法是一种文化站位。

比如说五芳斋的粽子产品就是典型文化原型定位产品。在中国文化和东亚文化中，粽子文化有着深厚的历史文化传承，走出这个区域，粽子就是一种普通的食品。

关于粽子文化，每一个人都明白，不需要做更多的表达，这个产品自带深厚的联想和情感表达。

一个品牌企业当然没有能力来塑造如此强大且有传承能力的品牌，但企业可以通过自己的产品和品牌表达来占位文化原型。

五芳斋作为中华老字号，已经走过了百年历程，一年售出的粽子有4亿个，若辅以更加细腻的文化表达，则可以转型成为一个更好的文化品牌。如何突出口味的地域性，也成为企业未来要解决的问题。

在《史记》中，司马迁评述屈原可以"与日月争光"，伟大诗人的精神已经渗透到我们每一个人的骨子里，这种人文精神原型和企业产品品牌提供的味觉相连，这个品牌就是永生的，联结了历史，也就联结了未来，这是文化品牌的产业规律。问题是，作为粽子产品的头部品牌，该如何完成这样的人格原型站位呢？

国际上，"品牌原型"这一理论最早是由美国学者玛格丽特·马克和卡罗·S·皮尔森共同提出的。这一理论认为，有生命力的长寿品牌是具有人格原型的。这当然是基于西方文化传统建立的分析模式。

玛格丽特·马克和卡罗·S·皮尔森将品牌原型分为四类共12种，分别是：第一类：向往天堂（天真者、探险家和智者）；第二类：刻下存在的痕迹（英雄、亡命之徒和魔法师）；第三类：没有人是孤独的（凡夫俗子、情人和弄臣）；第四类：立下秩序（照顾者、创造者和统治者）。这些角色有些确实不好理解，就像西方人不理解屈原一样。该理论的意思是每一个品牌需要选择12种原型中的一种进行品牌表达，以符合用户心智需求和使品牌符合自己的角色定位。

品牌文化原型在不同的地域有截然不同的表达和象征意义。因此，企业要根据本企业所在地域，寻找与其品牌相契合的文化原型，设计出最打动消费者的文化形象，唤醒文化的原力，使品牌自然而然地爆发出巨大的能量。

不会创造，就去占位。

二、媒介力量与品牌传播突围

品牌企业有一个核心特征，就是这些企业都具有极其强烈的媒介性，企业即媒介，这只是一种极端表达。在数字经济中，媒介是工具，媒介是渠道，媒介是影响社会的直接权力。当我们以权力和力量思维来看媒介的时候，再来反思品牌经营和管理行为，就会发现一个秘密，品牌经营位于经济行为的上位，在本质上，它是通过攫取社会权力来获得经济价值的方式。当然，我们可以顺延一个观点：品牌和媒介相结合，可以形成一种特殊的统治模式，品牌网络是局部的经济秩序本身。

1. 内容编码和媒介力量

按照社会学家的描述，我们生活在一个不真实的世界里，我们接触世界是通过无处不在的媒介实现的。这个世界最大的中介是媒介。普通人没有处理原生信息的能力，只能跟着媒体内容一浪来一浪去，就像草原上的草，风往哪里去，就倒向哪一边。

这说明一个问题，其可能会颠覆一些人的看法：从中长期来看，谁拥有媒体，谁就掌握了营销社会经济运作的能力，对于拥有权力的机构来说，关键在于拥有媒体，而不在于短期传递什么信息，无论传递什么样的信息，都会产生大批的拥护者。

这符合我们现在对市场的洞察：世界范围内，拥有顶级影响力的品牌企业，其本身就是一个媒介集团。这是新商业时代的特点，即媒介集团和产品渠道合二为一。

这种模式变迁，使品牌商一直在思考构建属于自己的媒介资产。这是获得市场权力的必争之地。

文字本身就是一种编码，品牌标识符号是对品牌内容的一次压缩。符号创意是将品牌的卖点、特点、定位等核心信息提炼为精准信息，然后传播给消费者的有效创意方法。说到底，就是我们要把有限但精准的信息，通过媒介送到顾客的心智里。

现在，我们需要认识一个营销的事实，在数字化媒体时代，团队中不仅需要营销人员，还需要数据炼金人员，这些人是软件工程师和数据工程师，品牌经营者将内容传递给用户，借助机器语言的编程技术投送给被瞄准的用户。这就是营销正在部分技术化的新事实。在中国的大型连锁餐饮行业，几乎所有的企业都在进行数字化转型，这就引出了数字化品牌的打造和维护问题。

对于现在的品牌运营商而言，其需要两种语言，一种是机器语言表达，另一种是自然语言表达。未来，所有的企业都是数字化企业，所有的企业都是互联网企业，市场环境变迁需要品牌运营商在数字媒介领域投入巨额资金，构建属于自己的媒介资产。

用一些不太精准但容易理解的话来表述，即品牌运营商表达的品牌内容必须有一定的大众娱乐性、趣味性，用喜闻乐见的信息包裹企业想要传达的内容，将其当成一个小甜品，让顾客开心品尝，并咽下去。广告本来就是一种大众文化，千万不能将其变成自己的直率表演。

一个完整的品牌编码，往往是一个标识符号和一个超级图像，还要加上几句深入人心的话语。然后借助一切可以传播的技术渠道传播出去。

我在这里谈一下媒介概念和媒介力量。有一家拥有六家门店的熟食连锁小企业，生意红火，每家门店都盈利，即使受到大环境影响，近几年断断续续地开张，也能获得不错的效益。当我和企业主谈及品牌打造的时候，他说："我从来没有打过广告，可能是我看起来比较憨厚吧。"

我就跟他解释："产品本身就是最大的媒介，很多不做广告的商家，也能够将自己的产品品牌做起来，这是产品本身拥有的媒介性质决定的。"

他说："我没有做任何包装啊，就是要求服务员在销售的时候塞一张塑料名片，名片的背面是我的照片和联系方式，其实那是九折券。还有几个塑料纸杯托，都是顺手小礼品。"

展开分析，这几家连锁店，食物味道确实做得很好，这源于20年的钻研，口味符合本地居民的习惯，这是一个味觉媒介传达；在过去十几年的经营中，一共散发出去百万张名片，也就有了相同数量的九折卡片，促进了重复购买；名片上是熟食店主憨厚的笑容，这个表情，让这家企业在拥有二百万居民的社区内，打造了自己的人格体品牌。

在这个小案例中，有必要讲清楚几个问题，品牌企业在谈及媒介力量的时候，首先需要拥有自己的媒介思维，并不是所有的媒介都是购买而来，这需要企业和社会都具备媒介性。产品自带的信息传达能力就是企业最大的媒介，在缺少预算的情况下，如果创始人的形象符合产品特征，就可以利用其形象打造人格体品牌。另外，挖掘企业自身的媒介性，可以降低品牌运营的总成本。

对于国际品牌企业而言，在实际运营中，也会遵循同样的原则，这里要强调一点，媒介力量是直达的，其他的社会权力都是间接权力。间接权力意味着需要建立代理人系统，基于自身利益立场的信息代理人会造成信息损耗和传达变味。作为品牌企业，需要认知到媒介是直接权力，并且将媒介运营计划纳入企业的运营系统中。

2. 高质量媒介投资是关键

今天几乎所有的企业都在谈及数字化，其中，媒介行业数字化更加彻底，传统媒体人纷纷转行到数字媒体，我们谈及的传统四大媒体都在急速崩坍，主导流量都跑到数字媒体这边了。

在行家看来，商业社会已经完成了一次权力的转移。

加拿大学者麦克卢汉，被学术界称为"电子时代的先驱"，对传播媒介高度概括——媒介即讯息，其含义是：媒介本身也是真正有意义的讯息。媒介并非只是传送媒介，它本身是编码的一部分，有时甚至是最重要的一部分。例如，商品的店铺和包装，其既是内容编码，也是媒介：高质量感知的材质，传递了高品质、可信赖的信号，当包装被摆上货架时，就具有了广告功能。

麦克卢汉表达的内容内核是什么呢？通俗地讲，就是拥有电视台比做节目导演更重要。我们生活在媒介主导的社会里，媒介本身就是信息的编撰者，一个负面的故事可以被改编为一个励志的故事，编撰者的视角在影响着受众。比如，从曾国藩上书清廷"屡战屡败"到"屡败屡战"的述职报告，编撰者的视角可以改变事情本身。

所以，我们可以得到一个结论：抢占消费者心智高地，媒介投资是关键。

媒介的核心力量在于话语权，很多品牌企业对于媒介和表达内容的编撰权缺少争夺意识，但这是品牌竞争的制高点。

在传统的品牌理念中，品牌的制高点是交易，但在新的品牌理念中，品牌的制高点是掌控一种媒介的话语权。

企业需要立足于自身挖掘和控制的媒介，持续输出高质量内容，使品牌旗下有一组高质量媒介。正在操盘的品牌运营者知道这样做的价值。这是品牌运营者的日常事务，其需要企业进行持续投资，具体到如何做，每一个企业都不同，但都可以列出一个表单，按照表单来逐一尝试，形成自己的媒介组合。

3. 媒介力量聚合策略

很多人接触过唐·舒尔茨与斯坦利·田纳本、罗伯特·劳特朋所共同撰写的《整合营销传播》，这本书所要表达的核心就是，大媒介时代向小媒介时代迁移的过程中，学界提出的一种应对方式——整合营销，从一元化媒体覆盖到矩阵式媒体覆盖，比如，时光倒转30年，投一家央视就够了，现在一旦进行媒介组合，就需要 100 家有影响力的垂直自媒体进行分别投放。这是亲兵和雇佣军一起上的策略。

关于整合营销传播的定义，我们再简单回顾一下：整合营销传播一方面把广告、促销、公关、直销、CI、包装、新闻媒体等一切传播活动都涵盖到营销活动范围内；另一方面使企业能够将统一的传播资讯传达给消费者。

从整合营销传播思想的核心来看，唐·舒尔茨将一切营销活动关联起来，以用户关系为核心，执行品牌社区数据化的策略，同时做到用一个声音说话。其关系营销的思想直到今天仍然是品牌营销的精髓。

从一个声音说话到异口同声说话，这是媒介策略的转变，其核心思想还是沿革性的，就是覆盖思维。

在实战操作中，整合营销传播能够不断积累用户关系，形成一个正反馈循环，而衡量营销成果有两个指标：一个是用户群的活跃粉丝数；另一个是营销的财务衡量的结果。

一个营销理论要解决的问题，实际上是怎么办和怎么干的问题，理论上，我们可以执行整合营销传播策略，珍惜每一个和用户接触的机会，使其产生重复记忆。

在这本书里，我的研究对象为品牌餐饮连锁企业，参照研究，获得普适的品牌运营模式。以国内知名的西贝莜面村为例，进入店铺，食客能够看到偌大的厨房现场，厨师在透明的玻璃后面剁馅、搓莜面，做西北特色菜系，这是一边做菜一边展演的形式，非常真实，好奇的食客会拿起手机，拍下一组照片，分发到自己的朋友圈和其他自媒体，门店也会给予相应的鼓励。凡是拍照的人，就自动从食客变成了用户，参与到了品牌建设中。

每一位厨师的厨师帽和胸前都有企业标识，从我的观察来看，这个标识并不是食客的兴趣点，食客的兴趣点还在厨师手工制作的过程中，这个过程就是一种无言的表述，在西北旷野里生活过的人，能够听到高原上的风声和马蹄声。如果自己的青春留在那里，那此刻的体验就具有诗性。

所以，西贝莜面村给人的深度体验，不是超级符号，也不是一幅静态的超级图像，而是一段可体验的西北菜的"超级影像"，这是真人在告诉食客，西北菜到底是什么样子。

西贝的演示策略在总体上是准确的，整个媒介组合一直以产品为核心，将产品变成舞台上的演员，围绕主导产品，实现尖峰体验。

餐饮企业门店的用户往往局限于三公里，这是一个市场覆盖的概念，事实上，一家用整合营销传播方式的餐饮店铺会找到自己最适宜的方式，按照自己的产业特点，实现有效市场的覆盖。当我们进入一家门店时，很难准确衡量是哪一个媒介组合对品牌提升起到了关键作用。

回到整合营销传播执行框架，从品牌机构的视角来看，没有企业将所有的触点全部罗列出来并逐一做到位，平均用力是品牌运营的敌人。每一家企业品牌整合传播执行框架都建立在优选的基础上，其中往往只有几项可产生强烈体验的东西。保持体验的简洁性，这是基于操作成本的决策。

活学活用整合营销传播策略，形成自己独特的打法，利用媒介力量聚合策略，将整合营销传播策略重新结构化，引入量变到质变的阈值思维，抓住主要问题，解决主要问题，将整个整合营销传播行为变成一个金字塔，将品牌体验活动进行分级，既有整合营销思维，又有"一招鲜吃遍天"的关键体验。

我们为什么要在整合营销传播策略上向前一步，推介媒介理论聚合策略，原因在于现在的媒介传播的一般规律已经发生改变，互联网品牌第一名和第二名之间，或者头部的几个品牌和一般品牌拉开的距离不是百分比的关系，而是数量级的关系。在整合营销传播策略组合中，企业需要找到自己和顾客沟通的绝活，一种关键沟通和体验模式。

我们理解品牌运营的特点，整个品牌系统运营是在一个有平原、有高原、有高峰的结构上，追求企业的最佳媒介组合，通过不断的市场测试，找到符合企业实践的最佳方案。

4. 疯传策略和塔尖战略

高质量的媒介和关键体验结合，能够实现一种品牌经营者想要的结果：用户疯传形成病毒式传播。

这样的案例在创作者经济领域特别明显，在全球，有5000万从事创作者经济的人，但能够实现名利双收的创作者，仅仅是头部的极少数人，他们通过作品和顶级奖项带来的荣耀，流传百年。在英国伦敦的创意经济的统计方式中，将品牌经济也归入了创意经济类别中。

品牌经济和创作者经济的结合，形成了一种思维方式，品牌经济是创作者经济中一个特殊的部分，即以叙事经济和商品相结合的综合经济模式。那接下来就会产生一个问题。品牌运营者是否接受创作者经济的一般运营规律呢？

国际知名品牌学者凯文·舍恩·凯勒的强势品牌理论，在某种程度上已经接受了这样的分类方式。我们现在也常常给某一个品类产品进行品牌分级：某品牌是头部品牌，某品牌是腰部品牌，某品牌是腿部品牌；或者将品牌分类模型建立一个简单的金字塔，分为塔尖品牌、塔身品牌、塔底品牌。

无论是"头部品牌"还是"塔尖品牌"，从产业的角度来看，都符合创作者经济的一般判断。为了方便记忆，我将其称为"塔尖战略"，这是战略层面的思维。在企业品牌战略组合中，始终需要一种奇正之道，品牌运营者需要进行持续的顾客体验管理，也需要派出一支精兵，以突破思维为基础，寻求突破性价比模式方法，遵循疯传策略，找到常规品牌运营的关键策略组合。

这里有一种思维方式，可以供大家参考，品牌经营者需要自我设问：在设计搭建战略的过程中，树立强势品牌的最短路径是什么？树立强势品牌的最长路径是什么？在反复设问之后，我们发现，基于疯传策略的病毒式传播就是建立强势品牌的最短路径。

疯传策略借鉴于《疯传》一书的系统思考，建立在前人创造的工具基础上，应该是一种开放且被科学执行的方式。疯传策略往往是一个品牌崛起过程中的标志性事件。比如，我们观察三只松鼠干果品牌，其已经拥有了巨大的用户圈，进入了流量平台期，但在靠粉丝起家的过程中，其曾用独特的卡通形象和话术，做过吸纳流量的黑洞，短时间成为铺天盖地的现象级产品品牌。

现象级品牌不可以再现，也不具备复制性，但其运作的核心元素依然可以用来借鉴。也许我们做不到最好，但我们可以做得更优秀。那么塔尖战略有什么规律可循呢？

以食品品类为例，熊本县是日本一个普通的农业县，出产优质水果，本地没有山，没有所谓的历史文化高地，有的只是丰富的温泉。想要将优质农产品卖出去，同时能够让东京、大阪还有国际游客到这里来体验观光农业、泡温泉，基于这些诉求和资质平平的本地资源，常规创立品牌的路径肯定行不通。

日本是一个二次元国家。基于年轻人对动漫文化的热爱，县政府委托品牌机构设计标识，但品牌机构在找遍资源之后，只找到了熊本县名字中的"熊"字，而且这里确实什么熊也没有，只能够生生创造出一个吉祥物熊本熊，因为泡温泉，其脸上会泛起两朵腮红。爱玩的玩伴形象，就像生活中可以随时可见的小胖朋友。

县政府宣布熊本熊是正式官员，有自己的办公室，有职位，还有自己专属的照相机和小摩托车。他们树立品牌的方式不是在纸上，也不是在计算机里，而是将城市大街当成了舞台，熊本熊人偶的扮演者就是本县的官员，后来产生效益，才变成专业表演者，可以做出更加好玩的动作和街上的年轻人互动。

一天之内，熊本熊就成了本地的社交货币，年轻人疯狂传播，实现了无数次传播裂变，远在东京的人，也同样感受到了一只带着腮红的胖熊的可爱。

这只熊十分顽皮，看到什么都参与一下，但多数情况下都是"干坏事"。因为扯了一下女生的裙子，被女生打倒在地，视频变成笑料在疯传；因为炒菜放油多了，锅里腾起一团火焰，吓得抬腿就跑，也成了传播的内容，人人都在传播；当熊本熊准备去东京发名片的时候，年轻人也凑热闹跟随过去，并将自己拍摄的照片分享到各自的媒体中。熊本熊和其他地方的吉祥物聚会，还会欺负其他吉祥物。所有的故事都发生在现场，而熊本熊本身就是一个故事制造机。

这种文化诱因带来了情绪体验，让人熟悉，这个熊本熊不是高高在上的符号，而是自己生活里笨笨的充满"缺点"的小玩伴。这种带入感让人自发传播。

熊本熊形象资产和内容资产属于县政府，县政府是开放的，所有熊本县的农产品均可免费使用这个品牌，只需要遵守品牌使用规则即可。在随后的几年内，这个品牌为熊本县创造了相当于两百亿元人民币的价值，熊本熊也成为全球知名品牌之一，成为可以传承的公共资产。

从塔尖战略视角来看，疯传策略实现是可遇而不可求的，带有一定的不可控成分。但我们可以提出问题，然后在开放的世界里找到最佳案例，在借鉴和创新中，找到自己的突破方案。

5. 强势品牌的六级台阶

心智占有原理是定位思想的核心部分，在品牌运营实战过程中，"定位和第一印象"被多次强调，事实上，从今天的品牌传播环境来看，信息已经过剩，对于绝大多数品牌经营者来说，其是后来者。

心理学家乔治·米勒和品牌实践表明：消费者的记忆越来越稀缺，品类第一是打造品牌的第一性原理。米勒认为，人的心理记忆只能记忆7个分类信息，消费者的心理记忆如同"抽屉"中的归类箱，"信号"递送抽屉路径的每个名字都有一个"格子"，每类抽屉只能记住7个信号。更残酷的是，相关资料表明：在移动互联网时代，消费者的心智储存数量现在只有3个，有的品类则更少，甚至出现了2个、1个的寡头品牌。

用户的大脑里已经塞满了记忆，没有多余的空间，所有人都知道，记忆是顽固的，在这样的品牌世界里，我们如何创造新品牌，这个问题的答案很残酷，我们需要采取更加鲜明的策略，将已有的品牌挤出去，才能获得一片空间。

在过去几十年里，在品牌市场中，出现了很多弱势品牌占据主导市场的案例，这些旧品牌会在代际更替中逐步淡出市场，而新品牌则获得新的生命力。

挤出去战略，并不是进行竞争性定位，而是对整个市场进行格式化，引入新的要素，对整个品类市场进行重新定义。比如，在早期的案例中，七喜汽水就定义为"非可乐"品类，对可口可乐和百事可乐定义的品类市场进行重组，重新创造了非可乐功能饮料品类。跳出三界外，不在五行中，在获得新的心智空间之后，重新排队列第一，至于能不能将可乐品类推到角落，那就看品牌经营者的本事了。

基于后来者的闯关模式，显然难度增加了许多。对于很多科技产品而言，市场里的心智容易转变。一个蓝牙耳机，无线传输距离10米和100米，高下立判，科技品牌"行就行，不行就不行"的硬朗风格，好不好，产品跑个分试一试，就很符合科技产品的品牌形象。

餐饮行业这个充满竞争的行业，弱势品牌很难找到更好的竞争切割型的定位模式。口味没有新与旧的分别，人们聚会的时候，往往都是一组选择，而不是单一选择，带有临时性和随机性。对于没有资源却获得成功的餐饮连锁行业，太二酸菜鱼的品牌经营实践可以拿来分析一下。

没有资源可以创造出资源，没有品牌可以创造出品牌，用老板太二的大叔碎碎念，也可以建立起一个餐饮连锁品牌，这就是太二酸菜鱼所做的事情。

如果说碎碎念是一种品牌风格，之前没有人这么去做，太二酸菜鱼是第一个。我们在媒体上所有的表达都是碎片的，这是一个碎片化时代。我们走进太二酸菜鱼门店，发现自己进入了一个类似于自媒体酸菜鱼的空间，第一印象很好玩儿，按照描述，老板有点胖、老板有点笨、老板会游泳、老板很努力，这就是一个胖胖的阿甘。

品牌传播的制高点就是拥有独一无二的品牌沟通、独一无二的说服力、独一无二的共鸣点，打造出独一无二的影响力。太二的沟通模型值得深度研究。

走进太二酸菜鱼门店，首先看到的是其独特的品牌外观，这是第一级台阶。这家店的色彩是深灰和黑白两色，整个店铺所有的招牌文字都采用木刻版画的风格，这个风格延展到一切展板表达上，店铺的标识不简约，不是抽象的符号，而是一个人拿刀片鱼的黑白木刻版画。以木刻版画风格为品牌外观，在中国餐饮市场上是独一无二的。展板上的语言都是老板稀里糊涂的话语，"好好吃鱼，莫玩手机""做宇宙第二好吃的酸菜鱼""吃鱼拯救世界"，这些不着边际但有趣的话语，看到就会记到脑子里。

我们无法在酸菜鱼这道菜上去做更多的描绘，只能说这是一个"重口味，年轻人的小份酸菜鱼"。品牌经营者描绘了这样一幅场景，闺蜜小聚、恋爱小聚，两三人共餐的场景，即这是提供私密社交的一个场景。潜台词是好朋友才来，泛社交的用餐可以另做选择。这就是太二酸菜鱼独特的品牌表现，这是品牌的第二级台阶。

太二酸菜鱼的品牌形象是品牌的第三级台阶。其并非超级符号，而是木刻版画风格形成的总体符号。一个餐具、一句唠叨，比如盘子上写着："酸菜比鱼好吃"。在太二酸菜鱼吃一次鱼，要被碎碎念几十次，甚至一百次，打造了一个具备"太二气质"的胖老板形象。别的品牌会拼命让老板形象具象化，一眼认出来，但关于太二酸菜鱼的老板，虽然品牌官方画了几个虚拟形象，但顾客不会这么想，一千个顾客眼里就有一千个太二老板，形象不同，但一样的唠叨有趣。

无论品牌经营者如何设计自己的品牌整体体验，交付和沟通都是品牌管理的重要环节。在太二酸菜鱼店铺运营环节，一百多家连锁店铺均导入统一的服务标准，太二的服务人员大多数是帅气的年轻男性，在这个颜值经济时代，这种对顾客讨好的行为，会让服务气氛更加温柔，这是一个服务业的调查结论，这类似于空乘环境的例子。显然，对于品牌判断而言，现场发生的交付环节，就是品牌价值落地的过程，这是品牌的第四级台阶。品牌判断就是现场感受，也是我前文中提到的全场景体验。

对于太二酸菜鱼的品牌感受，这是品牌的第五级台阶。品牌感受是顾客在消费之后，产生的一种内心感受，这种感受会在有消费需求的时候被激发出来，这里的感受是综合的，小聚中包含很多强关系消费行为，如果是第一次约会，选择在这里，这里就会变成一辈子值得记忆的地方，这些感受不仅仅是品牌自己创造的，也是顾客自己创造的。顾客在太二门店里发生了什么，会留下一种独特的记忆。门店是舞台，感受是共生的。

太二酸菜鱼作为一家年轻的连锁餐饮品牌，其强项在于符合强势品牌的一般打法，背后的管理团队具备一种强势品牌的运作能力。品牌共鸣是品牌和用户融为一体的阶段，这是品牌的高级阶段，也是强势品牌打造的第六级台阶。对于这个年轻的餐饮连锁品牌，想要成为一代人的心灵共识，当然还有很长的路要走。单一的产品组合和酸辣味道组合，做成今天的规模和品牌影响力，已经是难能可贵的事情了。

三、品牌叙事战略和基础三板斧

这一节内容表述还是需要回到基础，在这里，我会谈及品牌创立和维护的两个基础模型。基于当下数字社会的发展事实，我提出两个通俗易懂的品牌基础工具：一个是建立自己的内容小生态的网络矩阵，简称内容小生态模型；另一个是脉冲式品牌沟通模型，就像一个蜂鸣器，按照一定的频率、周期会发出声音。

我们将数字时代的品牌基础工作分为两部分、四个要点，一个是围绕品牌的故事叙事，即内容化，这是数字媒体给予每一个品牌企业的机会；

其余三个要点，分别是超级符号设计、超级口号设计、超级事件营销，这是品牌运作传统的三板斧。一些传统的品牌机构将所有的打法都贯穿于超级符号中，这在大媒体时代具备实操价值；在数字媒体矩阵格局中，基于全要素品牌的要求，建立带感情的品牌联想、培植超级符号是一种结果，而对于品牌经营者来说，其既要过程，也要结果。

1. 打造品牌超级IP

IP（intellectual property）是2016年一个很热的词，现在这个概念又沉寂下去了。关于什么是IP，我想绝大多数人并不明白。我在这里简单总结一下：其是一个具有完整的形象和内容生态的品牌方法论，里面有三个原则：先有形象，后有故事；形象大于故事；故事持续丰富形象。

IP品牌方法论，在某种程度上，是超级符号理论的一次贴近实践的深化，这个新方法论在某种程度上隐含了两层意思：每一个品牌可以借鉴影视公司的运营方式，如漫威模式，移植知识为我所用；另一层意思是，品牌经营者将逐步改变角色，变身为品牌出品人，品牌出品人需要对品牌内容小生态负责，也需要对品牌价值和财务营收负责。

这里有一个巨大的思维翻转，一般商业经营者无法转过这个弯。品牌出品人意味着品牌经营是主导型事业，原来天天忙活的产品是周边衍生品。一般商业运营者不会接受这个观念。

那么什么是超级IP？前文中提到的熊本熊就是超级IP的案例，我们觉得一个品牌被归结为超级IP，这就意味着这个品牌已经构成了自己的内容小生态，超级IP意味着，即使企业暂停了品牌活动，品牌生态还会自己生长，形成一片雨林。

这种品牌方法论理应成为下一代品牌的基础工具，我将这个行为称为叙事战略，需要进入企业的顶层决策系统，在这方面，一定要慎重应对。

这个战略的理论来源为诺贝尔经济学奖得主罗伯特·席勒，他对金融经济和品牌叙事经济有深入的理解，他认为：传统经济学关注的内涵逐渐变成基础设施，基础设施就是你有我有大家有、你用我用大家用的生产要素，在席勒的眼里，叙事经济学就是转变经济行为的上层建筑，叙事模式是架设在其他生产要素之上的。

席勒很少在企业层面去指导企业应该怎么做，但是对于企业而言，显然已经被指明了出路，企业竞争变成了叙事竞争，特别是对于基础生活必需品之外的商品，叙事竞争占据了主导地位。

从中国的食品餐饮行业来分析，企业叙事的质量影响着企业的发展。茅台品牌就是一个精彩的叙事故事，他们定义酒的口味，并且将这个口味定义为名门正派的味道，喝酒的人习惯了这样的味道，并且庆幸自己懂得了这样的味道，拥护这样的味道，以品味这样的味道为荣。

酒的叙事定义了喝酒人的身份，存储它们就像存储黄金一样的衍生叙事，一系列泛金融的叙事，叙事套着叙事，长叙事套着短叙事，一切都是叙事，叙事就是经济。

五年前，人们很少谈及企业品牌文创，但今天已经是很普遍的事情了，未来十年，这里就是重点。

（1）超级 IP 的有效性

超级 IP 是企业叙事战略的标的。企业什么样的叙事是有效的，席勒也做过一些案例研究，很多商品需要嵌入场景中，比如香槟是用来庆祝胜利。《祝你生日快乐》就是在过生日的场景里一定要唱的歌。叙事需要和具体的商业场景紧密联系在一起，这是一个企业长期成功的叙事能量所在。

（2）超级IP的内容生态性

对于一个品牌业者来说，大家很少讨论什么是品牌世界观，实际上，如果我们碰到一个文创产业规划专家，他们就会讨论这个问题，这个问题的表述，谈的就是IP内容生态。

知名互联网思想家凯文·凯利在一篇文章中，谈及了一个重要的观念："所有的物种都会消亡，但是生态不死。"森林里所有的树都会死亡，但整个森林生态不死，这样的生物系统规律可以解释我们的超级IP内容生态，以及为什么我们需要这样的思维方式。

一个品牌如何建立顶级的叙事战略，同时将叙事战略落地生成超级IP生态是一个现实问题。在国内，由于品牌经济历史比较短，业界也很少有关于品牌内容生态体的系统描述，但有相关的案例可以借鉴，如迪士尼公司、杰克·罗琳《哈利·波特》内容衍生链、漫威宇宙、日本三丽鸥公司以及日本圆谷公司等，都是超级IP生态的运营者。

2. 超级符号设计

超级符号是中国品牌机构创造的特色词，属于口述性专属词汇。提到超级符号，立即就会联想到华与华公司，这就是品牌联想。如果延伸一下，这就是这家公司的超级词。一家品牌机构为了宣传自己，需要占有十个超级词。

我们在此谈及的超级符号，包括企业高度归纳形成的标识系统和经过适当归纳仍然保持可被具象识别的人偶或者其他形象。例如，大众车车头的车标，就是抽象标识。

当数字营销占据主导地位的时候，我们需要重新思考品牌运营的三个基础元素的问题。超级符号、超级口号、超级事件，虽然媒介技术和品牌运营思想会发生变化，但这三个基础元素核心价值一直没有变。

现代符号学的创始人皮尔斯曾这样定义符号："符号必须可以被其他符号所解释。"一开始，设计符号并不重要，关键在于解释系统。比如，故宫里有一只碗，解释系统说，这是康熙皇帝用过的碗。

标识设计过程中，企业总会问几个问题，用几个颜色好？标识是复杂一点好，还是简单一点好？这些问题的回答最终都归结为一句话：只要用户能够一眼记住的标识，就是好标识。简单不见得好，复杂也不见得不好。

人的行为是有惯性的，现在很多企业拼命将标识归纳为单色以及极简的造型，本质上都是黑白印刷时代遗留下来的设计习惯，正如世界铁轨的标准，包括高铁，都还在执行着马车时代遗留的标准。

具体设计成什么形象，关键要看企业的媒介表达需求。在设计标识的时候，千万不能教条，中小企业的品牌标识对品牌特征的归纳需要适可而止，越是抽象到简单符号，传播的成本越高，原因有三：第一，同质性太高；第二，大众不想记忆抽象符号；第三，大众喜欢记住一组表情包。

超级符号保持适当的具象性，不让顾客去猜谜，这是一条准则，如海尔小神童、米老鼠等，其可以帮助品牌更好地经营下去。

3. 超级口号设计

超级口号就是一句话，这是企业品牌叙事的一种浓缩，是千言万语归为一句话的表述方式。

超级口号可以是品牌标语、企业标语等。超级口号传达的是某个品牌的独特优势，力求用一句话打动客户的心，因而被称为"品牌营销过程中传播成本最低的核弹头"。

超级口号就是一句吆喝，一句吆喝可以激起顾客所有的记忆。几十年前的老广告联播，可以让感性的人潸然泪下，让人有一种原来这句话一直长在自己的心里的感觉。一句话语飘过，顾客的心已经完成了一场穿越旧时光的快闪。

（1）超级口号与品牌理念传播

罗伯斯比尔曾言："词语统治世界。"海德格尔曾言："词语就是行动。"可以说，语言是激活心智的软件。而超级口号直接决定企业和品牌的话语权。

对品牌来说，超级口号是品牌战略可视化的结果，是把战略转化为消费者能读懂的语言。它可以用来凝聚企业内部人心，阻隔竞争对手，将企业的文化观念传达给消费者，向消费者传达其承诺，使消费者通过超级口号建立消费认知。

超级口号通常需要呈现企业的战略和对消费者的口头承诺，不可随意调整。超级口号的使用主场景是听觉被触动后的想象，而不是书面上的一句话。几十年不变的一句承诺，用主播专有的声线说出来，辅以专用的音乐，只需要几秒钟，便可以实现体验场景的迁移。换一句广告语、换一种背景音乐，就失去了表达的力量。超级口号和一般书面广告口号的区别就在这里。

（2）超级口号设计的方法

品牌消费的愿望是顾客内心滋生出来的，不是品牌经营者强加的，这是一个心灵层面的微妙共振。理性脑里有一万条理由，但感性脑微微一笑，购买就跨过算计，变成购买行动了。

超级口号击中的往往是人性中的一句话，或者几句话，就如梁实秋在《送行》中的一句话："一个朋友说，你走，我不送你，你来，无论多大风多大雨，我要去接你。"

对于品牌核心价值的短暂表述，均可以纳入超级口号的范畴，故事浓缩并不一定是一句话，也可以是一段话，关键在共鸣的强度。

在影视公司的思维里，这些超级口号叫经典台词。太二酸菜鱼、张小白就是借鉴了经典台词的观念。

我们对于超级口号的表达，思维框架往往还架设在电台、电视台5秒、10秒、15秒的时间段之内，这同样是历史的惯性。新品牌的核心表达和超级口号，实际上已经超越了"slogan"概念。数字自媒体对于如何表达，并没有太多的限制因素。

如果你的一段话语足够有震撼力，也可以使用《大话西游》中的至尊宝戴上紧箍之前的那样一段话。那是两代人的记忆，记述了人生的残酷成长之路。而这一切，其实也是品牌运营者想要突破的东西，他山之石可以攻玉。

我们在设计超级口号的时候，如果找到精练的话语，一句话足矣，如果没有那样一句话，这里有一个原则，超级话语一定要触及人类生命的母题，唤起每一个人的生命热情，不要急于推销。人生母题是什么？杰克·罗琳的作品《哈利·波特》就是关于青少年成长的人生母题，每个孩子在成长过程中，阅读一遍，都能产生共鸣。

如果说超级符号是品牌之门，那超级口号就是品牌的后门。

4. 超级事件营销

在本节开头，我提出了脉冲式品牌沟通模型，超级符号和超级口号的运作符合这样一个正弦波特征，实现周期性的用户沟通。事件营销是品牌运营中的强脉冲，基于人心的品牌经营并不是线性的，品牌运营的可贵之处在于，投入产出可以是不对称的。互联网就为我们提供了这样的机会。

任何一个顶级品牌的崛起，都有一种借东风的短暂进程，除了保持常规的运营能力，风口思维也是必要、有益的突破方式。现在互联网从业者普遍的"爆品思维"，大体上也是类似的操作方式。

在超级事件营销过程中，品牌经营者需要分清楚企业的品牌价值观。事件营销天然具备一定的炒作性，事件叙事可能会出现翻转性，同样一件事，编撰内容的视角不同，好事也可能变成坏事。

品牌定位和价值观需要更大、更积极的历史事件实现捆绑，向着有阳光的地带走过去，这是很多事件营销的关键。比如，第二次世界大战中，可口可乐可以作为一种战备物资，占据宝贵的空运空间，这就是一种历史性的积极叙事。

品牌公关和事件营销需要专门的团队来运营掌控，公关事件是战略性的，需要领导者直接参与，抓住突发事件，乘风而起；需要知道落下的时候，是不是备有降落伞。

在连锁餐饮行业，正面地对企业起到战略营销的经典事件营销案例比较少，企业自己打造仪式活动，增加和顾客的一些互动，这些是普通的事件营销，不是超级事件营销。

鸿星尔克在一次公关事件中，大手笔援助郑州，就实现了一次超级事件营销。对于一个已经呈现疲态的运动鞋品牌，这一次的超级事件营销堪称经典，达到了刷新品牌的战略目的，品牌价值观被一下子点亮，原来这都是一个从海外归来的年轻少帅掌门人的手笔。

腼腆的年轻人恳求大家根据自己的需求购买商品，构成了几千万用户互动的热闹场景。一次事件营销，让企业再次回到了舞台中央，鸿星尔克成为年轻人最喜爱的鞋类品牌之一，这是面对这一代人的品牌价值刷新，是一次值得的尝试。

四、案例实战，品牌经营关键成果管理

很多人都在讲读实用的书，事实上，没有什么书是百分百实用的，实践环境和纸面方法存在根本的不同，作为当代营销大师，乔布斯说："没有经历过的事情，你根本就理解不到三维。"理论没有经过实战环境的再检验、再取舍，我们无法对于面前的事物进行三维结构化，并且了然于心。

1. 品牌第一步如何打出来

战略是在一连串的战术胜利中总结出来的，这是品牌经营者在面对不确定的时代，找到的一种思维模型。品牌运营从战略降到战术一层，需要一种很特别的打法，这种打法就是动态时空的局部聚焦方法。德国军事理论家克劳塞维茨指出，"战略最重要而又最简单的准则就是集中兵力"形成局部优势，首先在局部发力，实现局部突破。

品牌经营者在运作几百甚至上千家连锁餐饮门店的时候，战略着力点即是品牌优先的框架，这是由品牌资产的特性决定的。维护一家门店的品牌就是维护整个生态的价值，这是生态管理者的修养。

现在的商业环境，对于单纯的模仿者并不友好，原因很简单，每一家优秀企业都生长在动态的生态里，你可以复制产品，但是无法复制整体的生态环境。

生态制胜是品牌战略领域的原则，单一优势和多个优势形成叠加态，模仿者就很难贴近。

当面对一家具体门店的时候，单店的战略着力点就会自动回到产品。我举一个例子，这并不是超级品牌，而是一个成长中的餐饮品牌。香木香羊餐饮品牌是位于北京市郊的一家以烤羊、烤兔、烤鸡、羊脑汤、八宝茶为主营业务的餐饮企业，这是充满竞争的市场。从产品营销过渡到品牌营销，打造过目不忘的餐饮品牌体验，提升销售额，这是营销规划的基本任务。

对于香木香羊的战略品牌营销，我总结了简单的运作方案，产品上，顾客要认同；管理上，销售要见效；竞争上，对手跟不上。营销是以产品结构为核心的战略过程，拳头产品就是最大的购买理由，而使产品差异最大化、让顾客选择我们的是品牌打造。而一个伟大品牌的精神归宿，是成就一个伟大的符号系统，事实上，这也是品牌出发的地方。

一个品牌就是一套高效的符号系统，今日中国纷繁复杂的传播环境，特别是在品牌起点上，更决定了符号是唯一高效的品牌传播方式。

战略品牌营销的策略思想：决定性的机会在产品，企业战略最根本的就是做什么产品。那么在产品的问题上会涉及三个问题：第一，找到产品的结构，就是我们要做哪些东西；第二，找到每一个产品扮演的战略角色和承担的战略任务；第三，找到产品价值结构，就是产品推出的战略次序。

克劳塞维茨说："战略基本上就是一个资源配置的问题，成功的战略必须将主要的资源用于最有决定性的机会。"

在实践中，肯定是战术成果积累逐步生成结构，一个一个不起眼的小胜利，能够成为打天下的秘诀。以经营的灵敏度来重新衡量战略的合理性，在规划香木香羊的品牌战略时，战略是个模糊的大方向，战略一具体到细节，就需要经过实践检验。

品牌营销行为是一种联合作战行动，和一般餐饮企业相比，遵循了战略定位和站位、符号系统、产品结构和结构化场景组合打法，并建立营销势能。

战略执行就是创造一种结构化场景，将产品按次第权重置其中，遵循"结构效率大于运营效率"这一基础运营原则。

在实践中，品牌营销行为要有"总—分—总"的能力，定位和文化站位是香木香羊的根据地，企业品牌管理和企业管理合一，需要采取非常优秀的战术行动。

克劳塞维茨认为，在局部战场，需要"能够在决定性的地点保持兵力和物质条件上的优势"。这一原则在管理学的战略理论中照样通用。

零敲牛皮糖战术适合餐饮企业，也适合大部分品牌企业，能够将不同的连锁品牌店铺在战略上统合起来，每一个店铺，看似一样，实则并不相同，连锁品牌有各自为战，又为总体而战的战略战术双重目标。集中优势兵力打小歼灭战，将大战役变成一个一个小战场，有把握短期取得胜利的小战场，打完之后，立即总结，好的经验全军分享。如此一来，打的就是聪明战争了。

2. 重新定义企业的核心业务

香木香羊餐饮品牌的核心业务的重新定位，就是将企业有限的资源调配到最有价值的机会中，而实战就是抓关键成果。

以烤全羊业务为核心产品的门店，在北京这个餐饮市场里，到处都是，生产能力已经不是关键了，关键在于构建准确响应需求的能力。

香木香羊餐饮品牌的核心业务是什么？这是一个看心情消费的时代。香木香羊选择将自身置入创造美好生活的休闲场景里，避开和市区餐饮企业的竞争，为顾客提供一个完整的消费场景。香木香羊餐饮门店位于市郊，不能比人来人往的繁华环境，只能比安静的自然环境，这个餐饮门店周围有果林，有溪水，顾客除了过来吃饭，还可以在这样的环境里走一走，暂时忘掉一些事。城市生活节奏快，普遍压力大，人们自然会有释放自己、疗愈心灵的休闲需求。香木香羊餐饮品牌其实也只有一条路可以走：

定位在休闲餐饮领域，做自己独一无二的特色产品，让未来竞争者无法与企业竞争。

市场刚性需求找到了，接下来就是确定自己的业务组合以满足需求，于是经过实践正反馈之后，香木香羊决定将"美味烤羊+休闲体验"作为核心业务。

核心业务确定了，极致的拳头产品就成为唱大戏的主角。

3. 用拳头产品和产品组合砸开未来

拳头产品是品牌运营的先锋官，也是和顾客接触的界面。

在产品组合的排兵布阵中，我们要有重点，要选一个打头阵的，那么这个产品的战略任务，就是扩大市场份额和打响品牌。

在以往的分析案例中，我们看到巴奴毛肚火锅以一片做到极致的毛肚为拳头产品，绝味鸭脖以一根做到绝味的鸭脖为拳头产品，太二酸菜鱼以做到极致的重口味酸菜鱼为拳头产品，实际上，我们进入餐饮门店消费的时候，遇到的是产品组合，但单独拿出来的就是一道做到极致的拳头产品。

香木香羊遵循这样一个原则，即：第一，该产品自己要销售好，要证明已经成功；第二，该产品要打响品牌，品牌打响了，就有了品牌资产，就能带动店面销售。二者相结合，就形成拳头产品和品牌价值增值的良性循环。

知名战略专家迈克尔·波特对竞争战略的选择，提出了一条建议："战略并不是要涉及最佳的做法，战略是要选择什么样的做法可以使你与众不同、独一无二，从而通过不同的方式开展和你的竞争对手的竞争。"

拿出你的最佳组合，在最佳组合中选出一个最能打的产品，让它去完成战略使命。在具体的竞争环境下，组不同比做最好更具备操作性。那么什么是拳头产品？拳头产品就是产品中的佼佼者，是企业特有的、别人难以胜过的看家产品。

最终我们为香木香羊餐饮选择"宁夏盐池滩羊烤全羊宴"为拳头产品，原因在于，这个产品已经经过市场的证明，顾客提供了很多正反馈意见，这就是让顾客回想起来还流口水的产品。香木香羊餐饮品牌一直选用宁夏盐池滩羊作为烤全羊的食材，这种选择自带着原产地的口碑和体验，证明我们不是内蒙古羊，也不是新疆羊，我们是宁夏羊。宁夏盐池滩羊素有"吃的是中草药，喝的是山泉水"之称，肉质鲜美，提供了认知差异性。

对于品牌机会，这里确实存在一个格式化市场的品牌机会，一个找到自己差异化定位的机会。这和《隆中对》有点相似，调研发现，市场上烤全羊及烧烤餐厅鱼龙混杂，没有行业主导品牌，包括行业资深从业者也没有品牌认知，香木香羊管理团队的眼睛都放光了，经营直觉告诉他们机会来了。

在北京市场，没有品牌从原产地来区分烤全羊，香木香羊首先站出来声明自己是原产地烤全羊，原产地烤全羊就成为一个品牌，至少占住了一个差异化的点，未来跟随者可能会打出内蒙古烤全羊、新疆烤全羊，即使这样，香木香羊品牌也三分天下有其一。

既然第一个发现了品牌定位机会，那就不要白白浪费，接下来就要将产品做到极致，将拳头产品（宁夏盐池滩羊烤全羊宴）的一整套流程和工艺固定下来，形成自己的味觉识别系统。

一整套工艺做完了，固定下来了，品牌企业就创造出了口味的差异性。拳头产品推出的时候，按照品牌经营的要求，那就是一组打法。

超级符号原理是不能少的，按照拳头产品做先锋的原则，我和团队挖掘了宁夏滩羊的文化，在滩羊古岩画的基础上，创造了一个具备具象识别能力的超级符号，使其成为品牌的旗帜，香木香羊餐饮品牌一战成名。

符号的图案化符合传播规律。对于一般消费决策而言，好的超级视觉符号方便消费者认知，它可以轻易地改变潜在客户的品牌偏好，可以在短时间内发动大规模的购买行为，让品牌自动成为消费者的首选对象，也可以让一个全新的品牌在一夜之间成为亿万潜在消费者的老朋友。

香木香羊的超级符号看起来就是一只羊，不用顾客去猜，就知道这家店是做烤全羊的。在符号设计过程中，图案中的羊选择羊角卷的羊，因为宁夏盐池滩羊的角是卷的；这个羊图形来自贺兰山的岩画，看岩画可知一千多年前羊就长这样，超级符号在此联结上了历史。符号组合文字为西夏文，表达"香木香羊"的意思，这香木香羊起源于西夏文字，在此体现了"香木香羊"源于上千年的西夏文化原力。

品牌名和超级符号一旦确立，后面自然会按照CIS系统的要求，导入规范的Ⅵ视觉识别系统，创造自己可控的媒介传播渠道。

人有视觉、听觉、嗅觉、味觉、触觉，符号指令首先要被这五大感官识别，从五大感觉嫁接文化原力，成为有效的符号指令，也就是购买指令。

作为特色餐饮品牌，必须将品牌标识符号与顾客体验融为一体，从视觉、听觉、嗅觉、味觉、触觉创造让顾客记忆犹新的品牌体验。香木香羊感官传播系统如下：

视觉——西夏图腾文化、滩羊文化、西夏美食文化；

听觉——宁夏民族音乐；

嗅觉——果木味、花果清香；

味觉——酥香味；

触觉——手撕烤羊；

体验——可果木自烤、烤羊篝火晚会、夏天音乐趴、水果采摘。

  超级符号和媒介组合的目的就是要在顾客的脑海里形成一个强脉冲，形成一种强体验，让顾客一辈子也忘不掉，这就是超级符号的价值。

  毋庸置疑，产品是企业营销战略的核心要素。对于新品牌而言，要进入竞争激烈的市场并站稳脚跟，产品是关键，而拳头产品承担着企业赢在未来的战略任务。

  超级符号和拳头产品结合在一起，在餐饮场景里能够营造一次完整的体验，将香木香羊餐饮店变成一个美食的目的地，成为一个文化地标。

  宁夏盐池滩羊烤全羊宴只是拳头产品，侧翼和背后还需要更多的特色产品进行支撑，形成一个矩阵结构，应对不同顾客的口味需求。

  有序地推出产品，先做什么，接着做什么，形成战略布局。每个企业的产品都是为了解决问题，通过产品组合覆盖市场，解决更多的问题，就可成为行业的权威专家，就能构建品牌的竞争壁垒。

  打个比方，我们在打斯诺克台球，将台面上的 15 个球全部打进袋、取得胜利，这是我们的战略。我们现在要做的是，到底先击哪个、再击哪个，前面的进球怎样为后面做好最佳击球位置，然后逐步各个击破，最后将全部球击进袋。也就说把哪个球放在哪个步骤，决定了你的击球效率和风险。做品牌营销与打斯诺克台球原理一样，我们心中一定要有计划，每一次的会战都是围绕这个一步一步去安排。

香木香羊餐饮企业的产品结构里包括六个产品，即烤宁夏滩羊、烤滩羊、烤兔、烤鸡、羊脑汤、八宝茶，这是我们的战略。

战略首先是设计你的产品结构，我们将香木香羊餐饮产品重新组合，由"宁夏滩羊烤全羊、滩羊烤全羊"与"羊脑汤"组合成"宁夏滩羊烤全羊宴"和"滩羊烤全羊宴"的业务组合，先推出烤全羊宴，接着推出烤兔、烤鸡；再推出烤羊排、烤羊腿，而八宝茶这个产品作为特色礼品，免费送给每位顾客。

在推进过程中，我们为香木香羊餐饮做的是什么呢？做的是一个价值结构，也就是我们说的产品结构，即"宁夏滩羊烤全羊宴、滩羊烤全羊宴、烤羊腿羊排、烤兔、烤鸡"。这些产品结构就是品牌竞争的壁垒。产品结构带来成本的此消彼长，就是香木香羊餐饮未来的成本越做越低，而竞争对手的进入成本越垒越高。

4. 挖掘文化原力实现占位

认知心理学承认消费行为中的一种映射关系，即某些品牌很容易被接受，就是因为其激发了顾客内心的一种认知原型，形成了文化原力，产生一种文化亲和力。因此，我们应设法找到一种映射关系，而不是标新立异，即使有标新立异的想法，也需要继承下所有好东西，再去做创新。

宁夏的千年文化就在那里，当香木香羊笃定自己就是千年文化的传承者的时候，就能够在历史里找到千军万马，而原产地产品本来没有品牌，或者品牌表达意识很薄弱，就给了香木香羊品牌占位的好机会。将隐藏的文化属性资源注入产品和品牌中，成为原产地属性的品牌，这是很多历史悠久的餐饮品牌长久生存的密码。

餐饮品牌发现文化原力，并嫁接文化原力；文化原力创建购买理由，刺激顾客选择文化亲和的品牌。营销是你要给出充分的购买理由，在消费者心中创建一个或者多个做出购买行动的理由，使其难以拒绝、自动完成购物行动。

香木香羊品牌有机会展示自己的宁夏味道，并且成为宁夏味道的代表。文化原力指向过去，也指向未来。

宁夏除了枸杞闻名，还没有被定义的味道，一旦企业去定义了，宁夏滩羊烤全羊就成为宁夏的代表性味道了。

香木香羊在研究烤全羊味道的时候，回到原地，去寻找已经被抛弃的古法烤羊技术。香木香羊经过十多年的发展，一直坚持用古法烤制，确保它的味道纯正。那香木香羊的味道是什么呢？

调研发现，消费者喜欢吃香木香羊烤全羊，是因为其味道是外焦里嫩的"酥香"味，"酥香"味是从消费者口中得出来的。这就形成了一种消费购买的理由。香木香羊在古法的基础上，创立了外焦里嫩的独特"酥香"味，是酥香型烤全羊开创者。

定义一种味道，需要有自己的"X配方"，实现独家所有。烤羊使用的是由创始人罗正阳多年研制的独家秘制配方，是其他烤全羊所没有的。流程够专一，坚持做传统的果木古法炭烤烤全羊，而非现代工艺的烤全羊（如电烤）。香木香羊的配方流程是这样表达的：食材精选宁夏盐池滩羊，佐料由36味中草药独家秘制而成，加上28道工序、3小时手工果木古法炭烤。

这就在定义一种正宗的味道，也是整个事业的关键成果，是可以一直讲下去的品牌故事，讲上一百年，就会变成文化遗产。

精细工艺可以让拳头产品形成"外焦里嫩，酥香四溢"的特色。味道是餐饮与生俱来的品种价值特征，它是在告诉消费者，这个商品是一个货真价实的、用传统工艺秘制的"酥香型"烤全羊。

当"酥香型"成为一个有力的词时，"酥香型烤全羊开创者"也成为一个超级购买理由。"酥香型烤全羊开创者"同时也是一句超级口号，如茅台的"酱香型"、五粮液的"浓香型"、蓝色经典的"绵柔型"、宝丰酒的"清香型"等的定位一样，"酥香型"也成了香木香羊最为重要的营销传播战略。

正是这样的品牌流程运营系统，抓住了关键成果、实现了体验升级。顾客告诉顾客的良性循环，使企业运营效能实现了飞跃。

第四章
新消费品牌战略

近几年，我们经常在网络媒体上看到豪言壮语，比如，所有的传统生意都值得用互联网重做一遍。随着中国数字基础设施的完善，媒介和商业渠道合二为一，线上体验和线下体验形成共振关系，企业的经营环境已经发生改变。观察近几年的餐饮市场，很多被冠以"新消费品牌"的一类企业实现了崛起，这些企业所遵循的产业规律值得我们借鉴。

一、生活方式变迁与新消费品牌

互联网基础设施的发展,将媒介、支付、物流和渠道组合在一起,形成了线上的商业解决方案。如何理解新消费品牌,实际上这是商业数字化的一部分,是一个经营系统的转换问题。数字化之后还会跟着智能化。企业在数字化时代如何做品牌?这里,我想结合一些数字化餐饮品牌的崛起规律,来讲述新品牌的运营密码。

1. 信息茧房和新消费品牌

一代人有一代人的生活方式,年轻一代的消费需求发生变化,市场供给结构马上就要做出相应的调整。现在,几乎所有消费者的基础生活已经架设在互联网上,消费经济的互联网化是不可抗拒的经济潮流。

对于一个品牌观察者来说,品牌的本质也开始发生变化。在解释一些新品牌运作规律的时候,通过观察餐饮行业的变迁,可以发现,这个世界变化太大了。

新品牌的快速崛起,将年轻消费者和成熟消费者区隔在不同的网络空间里,年龄稍长的人对年轻人喜欢的品牌完全无感。网络空间就像一个个玻璃柜子,将人隔离,人们相互听不到对方的声音,而这就是信息茧房。

新消费品牌的很多服务方式,都是在信息茧房里完成的。一个传统餐饮品牌想要创立年轻一代喜欢的品牌，首先要站对位置，进入他们的信息茧房。一层一层的隔间，是新消费品牌市场存在的结构，结构认知是品牌经营者的基本素养。

数字时代对个体和群体来说，不见得是更加开放的时代。媒介的去中心化造就了信息的竖井，只有共用一个媒介的人群才会形成共同的表达。在品牌的历史里，媒介发生了很多次转换，但这一次数字媒介的转换和所有历史上发生的转换完全不同。

本章节我以奶茶行业为产业观察点，顺便讲述一些典型的新消费品牌的案例，总结其运作的内外机制。

以中国茶饮消费为例，很多年轻消费者在购买茶饮产品时会将产品的口感、口味、品质及食品安全作为主要考虑因素，这给很多轻资产奶茶连锁小店带来了爆发的机会，几平方米的店铺加上互联网运营的加持，让奶茶品牌标准化运营有了巨大的发展空间。

这是中国一个特色的饮品品类，中国市场上近年出现的新式茶饮品牌大多选择茶叶、新鲜牛乳、新鲜水果等优质食材作为原料，在此基础上融入其他配料、辅料，开发出多种新风味。因而，很多消费者给了新式茶饮品牌相对较高的评价。根据艾媒咨询数据，2021年中国新式茶饮市场规模为2795.9亿元，预计至2025年新式茶饮市场规模将达到3749.3亿元。

小小的奶茶，拥有几千亿的市场，而老一代经营者对于奶茶的理解是不透彻的，这种从中国西部找到产品原型的饮品，融合了茶叶、牛奶和水果，具有百变的味道，拥有一个完整的市场。而其终端运营成本可以实现标准化，成本可控。在前文中已经说明，中国餐饮走出去，造就第一个世界级品牌的，可能就是奶茶品牌。

每一代人都会创造属于自己的产品新品类、关注新品类的崛起，这还是我们品牌观察者的基本视角。对于新品类的观察，也需要垂直视角。奶茶市场是女性经济横行的地方，其消费群体也是时尚消费的主导性群体，这是建立强势新消费品牌的生态原点。

那么，通过反向思考可以发现，一个强势的新消费品牌需要有构建独特信息茧房的能力，这是比私域流量更加准确的表达方式，这是媒介决定论在数字化社会中的新发展。对新媒介的掌控能力在某种程度上，能够孪生出企业的新消费品牌，二者之间有着清晰的逻辑线。

2. 新消费，致命的节奏感

数字化品牌运营模式的可怕之处在于其运营底座是算法，这种信息科技和智能科技结合在一起的方式，对于传统的品牌运营商来说，是完全陌生的。无法进入算法层，是很多传统品牌商的尴尬之处。

新消费品牌的崛起，天然带有数字化基因。数字化基因决定行业的运行节奏，在算法控制的新品牌时空里，包含着以秒计算的运营哲学。现在几乎所有餐饮企业都采用了倒计时模式，即在限定的时间内，完成口味管理和服务送达。

目前，很多企业的数字化销售的份额已经占到了三分之一以上，而且在不断增长。以餐饮连锁外卖为例，一些门店开展外卖业务之后，原来的经营时间规律性被打破，而这种急速响应的需求，对经营者提出了极大的挑战。

新消费品牌迅速崛起，主要竞争战场发生变化，时间战场成为主战场。企业一旦进入"快速响应"商业模式，意味着一些能够熬夜、能够熟练使用互联网规则的年轻团队拥有了机会。尽管该市场还是一个红海市场，但新创办的特色餐饮企业可以和品牌连锁餐饮站在一条起跑线上，这是品牌换道滞后性为年轻经营者提供的机会。

传统连锁餐饮品牌出现了网格化现象，即同一个品牌在不同区域里的口碑相差比较大。

一位烤鱼外卖餐饮管理者向我提出了类似的问题，我和团队经过实地调查之后，发现一个潜在的影响，两个区域的繁华程度不同，繁华区道路拥堵，造成送餐电动车需要等待较长的时间；另一个区道路宽敞，进入小区和办公楼速度比较快。二者经营结果也大不同，繁华门店一年有26个差评，另一个店仅有3个差评。一个外卖业务在增长，一个业务份额在下降。

我和两个门店的经营团队交流后发现，团队在门店内的响应速度没有问题，问题就出在外卖员的送餐时间上。在信息平台后台，送货的时间很清晰地表达了基础设施对于门店运营的影响，尤其是在餐饮时间段内。

由于差评过多，品牌管理部门曾派专人进行指导，并重新进行品牌培训，但问题依然得不到解决。为了防止更多的差评产生，对店铺产生不利影响，总部不得不关闭该店的外卖业务，暂时解决问题。这是一把"双刃剑"，这就意味着门店不能靠外卖来增加营业额，造成经营的单一化，品牌门店最终也会遇到转型困难的问题。

这里，其实表明了餐饮作为研究对象的价值。在竞争激烈的消费场景里，餐饮行业里的门店生生死死是最快的，数字化趋势为餐饮行业的变革创造了更加残酷的竞争环境。餐饮已经是典型的快行业了。

对于很多适应了慢节奏的运营者而言，在新消费服务中，因为自己的经营节奏和互联网节奏不一致，导致企业经营失败的例子太多了。很多企业都败在了节奏感上。

所谓失败，也和之前的总体性失败不同。同一个品牌门店在不同的区域产生不同的结果，这就是网络效应，即使有一部分网络熄火，其他门店还能够顶起来。而熄火的主要原因是，现在是用户决定品牌的生死。从餐饮业的一些案例中可以发现，用户直接参与品牌的构建，新一代用户更相信用户评价积累的口碑。门店服务是具体的门店，门店品质和口碑是门店团队独立积累的，整体品牌是一方面，单店的口碑也一样重要。这就是新消费品牌的铁律：金杯银杯不如顾客的口碑。

3. 新消费品牌挑起时间竞争

新消费品牌需要接受一个事实，品牌经营已经变成了类似于股票市场的运营模型，而不再遵循自己的产业赛道里的一般经营方式。这是怎么一回事呢？

我考察了一个年轻的外卖团队，他们在 CBD 周围租用中央厨房，在中午和晚间为上班族和加班族提供送餐服务。

经营团队从上午 9 点进入中央厨房，晚间 1 点开始进入值守模式，逐步离开工作区域，中间有间隔的休息时间。每一天工作结束，都进行当天的工作总结，总结一天的工作成果，这种时间和朝九晚五的时间完全不同。快餐经营者认为，未来社会，新消费品牌不再拥有自己的时间，而是响应客户的时间，客户在什么时间段里活跃，那工作就在什么时间。不是客户适应我们，而是我们必须适应客户。

经营者跟我说："你们小看了游戏的力量，我们在服务顾客的过程中，都是用一种自然的闯关思维去做业务的。你要是从小就玩游戏，你会知道，游戏的节奏感是非常快的。一个时代一种经营模式，我们的经营本质就是游戏的内核。"

"群体游戏的配合能力很重要，不知道你有没有打过战略游戏，这些实时迭代的打法，都是从游戏中学来的，我们一边打游戏，一边相互通信，相互交流，快速采取攻守策略，这些就是下一代人的经营模式。对于新消费品牌而言，要么适应，要么死亡。这就是年轻一代战胜老一代经营者的方式。"

"我们的时代，品牌并不永恒，绝大多数品牌在我们这个时代会失去锐度，而且基本没有挽救的价值。新消费品牌的世界和老品牌不同，二者一个建立在实体店的资源上，一个建立在数字世界里。从长远来看，这两种模式不是互补关系，而是数字化系统摧毁旧品牌的关系。"

"我们对任何过长的经营链条都保持警惕，任何环节的失控都会带来灭顶之灾。如果系统在用餐时间出现崩溃，说不定我们就会得到几百个用户差评。因此，我们在选择项目的时候，必须保持最短的链条，和顾客保持最近的距离，坚持最短闭环的经营原则。"

这些都是在交流之后，我写下的日记内容，有些内容大家可能不认同，但值得我们反思。不谈商业，在孩子成长的问题上，我们并不能杜绝游戏，而应该有方向性地引导。

我在前文中，谈及新品牌消费就像股票市场，这是一个在短视频运营团队和一家知名餐饮连锁企业合作进行同品牌自热饭的销售方案讨论会上得到的观点。

"新消费品牌具备普遍的反悔机制，反悔机制就是市场准入的门槛。从某种程度来说，新消费品牌已经成为一种以口碑为基础的买手角色，过量的体验模式会推高成本。顾客在我们这里主要得到的是服务体验，这是一个先感性后理性的过程。在直播过程中，我们可以做一流的售货者，但顾客在收到货品之后，如果货品有问题，他们会毫不犹豫地退货。在新一代的消费行为中，退货是正常现象，这意味着品牌必须事先做好产品的挑选工作，任何欺骗行为都不要有，想都不要想。"

"新消费品牌和直播服务的典型工作时间是在晚上 7 点到 12 点这个时间段，而传统的服务品牌还在坚持正常的工作时间。实际上，服务业的整体时间已经发生了迁移，这就决定了大部分企业根本无法适应时间竞争。新品牌对于中年经营者不友好，是因为下一代人的生活方式和上一代人已经不同了，二者的时间感是不同的。年轻一代人的生活方式是快节奏和慢节奏交替的，其没有那么多的计划，只是在保持大方向的情况下，接受随机性，快速应对，说到底，还是游戏思维。"

"新消费品牌和旧品牌思维不同，新消费品牌并不提供过高的溢价，这意味着新消费品牌难以逃脱价格战的竞争。大数据支撑的比价模式，已经让很多品牌运营者,一边承担着品牌的运营成本,一边保持价格上的竞争力。我们和很多大品牌合作,需要最优惠的价格。新消费品牌就是用数字世界的高效率,把旧品牌的溢价行为打下来,这是一种破坏性创新,最终所有的品牌都会进入物美价廉的赛道里。"

"新消费品牌建立在高效率的供应链之上,现在新消费零售相当于炒股票。廉价流量时代已经结束了,各个数字平台会将今天这一天能够拿出来的流量全部挤出来卖钱。投流是新零售品牌遇到的必然问题,平台渠道商已经标好了渠道价格,这是一天一结算的财务基础,投入多少,产出多少,几个小时之后就见分晓了。一天迭代一次的新消费品牌经营者,能够以最快的周转速度,战胜上一代一个月迭代一次或者三个月迭代一次的经营者。每一天的投流决定都是对前一天的总结,24小时就是一个销售周期。"

过往的一切正在变成基础设施,以顾客时间为核心,提供快速响应模式的品牌服务体系,是正在走近的未来。

二、审美再定位和用户情感表达

新消费和新零售一直是品牌营销界高度关注的问题。近年来,人们在谈论品牌营销的时候到底在谈什么?深潜进入年轻人的世界,是找到答案的唯一方式。有时候,社交媒体提供的是一种面具,洞察真正的需求需要直接面对大量的人，观察他们生活的过程。

在功能价值和退货机制完备的情况下，年轻一代不再纠结于好不好的问题，而是美不美的问题。这一代的品牌竞争已经进入美学领域，对于新消费品牌来说，审美能力，知道产品美不美的能力，已经成为新的核心竞争力。

1. 新消费品牌的审美

我们和客户在谈及新品牌的时候，涉及了企业品牌更换动力引擎的问题，我打了一个简单的比方，直接卖货是蹬自行车，品牌商品是开汽车，强势品牌是开高铁，审美品牌是开飞机，其摆脱地面约束，拥有俯瞰视角。审美才是新一代的商业引擎，可以提供更大的蓝海空间。

别的竞争模式都是换道超车，只有审美竞争是立体的，是超越商业本身的，是将商业竞争引入一个新领域。

新消费品牌异军突起，但品牌出现得很快，消失得也很快。20世纪60年代，深谙媒介学的美国版画艺术家沃霍尔说："在未来，每一个人都能出名15分钟。"基于猎奇而不是持久审美能力的商业品牌，最终都会面临一个挑战：这个品牌到底能够立多久。

新消费品牌的一个战略锚，就紧扣在"95后""00后"的审美规则上。对于新消费品牌如何实践的问题，我认为需要找到主导消费市场的群体，然后顺应其美学规则，或者，如果自己是一个强势品牌，那就可以创造一种美学规则。

我们理解下一代人是如何崛起为强势消费群体的，这个过程对于品牌运营商来说是一个挑战，本质是什么？技术好、渠道好、功能质量好，这些都是沉底的内涵价值，不再具备拿出来说事的能力。我们需要理解消费主力的商业逻辑，懂得向年轻人靠拢，在执行层面上，将所思所想和一切逻辑都落实到商业审美上。这样的品牌塑造思维，具备和新一代人互动的能力。

通俗地讲，新消费品牌就是一种颜值经济。好看就是一种自然的需求。

再举一个稍微残酷一点的例子，其实在县城的一条街上，本来就有很多奶茶店，这个现象已经持续二十多年了，需求一直都在那儿，中学生和年轻人是主导的消费群体。现在蜜雪冰城和喜茶这些品牌奶茶店，也入驻这条商业街了，它们生意火爆。这其实是一种生意的转移，本来已有的需求，从一个店铺转向另一个店铺。对于孩子和年轻人来说，他们不懂什么是品牌理念，也不懂什么是运营系统，这些理性的思考往往不是用户、直接购买者接受的一种审美。

这些标准奶茶店的存在只是在告诉他们，奶茶店就该是这个样子，这个样子其实就是符号设计、包装设计、工业设计、店员服装设计、店员表现等，这些构成了一种"好看"的商业。被商业审美重新定义的奶茶店，对于其他连锁品牌运营有一定的启发价值。

对于很多新消费品牌而言，它们不仅追求品牌的表达，更加追求品牌的美学表现，以及更好的设计感觉，并将理念融入产品中。现在，在上升型的消费行为中，审美不同程度地影响着人们的决策。

2. 品牌的兴趣区间和情感个性

对于新一代人而言，实用思维和情感价值可以被分割成不同的区间，他们可以在自己喜欢的事情上一掷千金，在另外的事情上吝啬不已。比如买一双1800元的鞋子；在菜场，为1块钱和卖菜阿姨砍价。两种不同的行为平和地出现在一个人身上，也看不出什么冲突，虽然外人看起来很纠结，但是他们自己不纠结。

我在阐述新消费品牌市场的时候，就认为传统的分一、二、三线市场的方式已经过时。下沉市场的表达，其实并不准确，对于新一代消费者而言，他们既是昂贵消费品类的消费者，同时也是廉价商品的消费者，他们期待走心的品牌。所谓走心，就是品牌击中了顾客的兴趣区间，更具体的说法就是，品牌所表现出来的审美趣味和内容观念契合了用户的心声。

在过去，顾客有了共同兴趣不会产生什么反响，现在，一家门店可以借助数字工具，将有共同兴趣的顾客聚集成为社区，精准化聚焦顾客，在顾客体验中打造共同情感，逐步沉淀私域流量，从而快速占据目标市场。这种可以重复传达的私域空间，就变成了同一类人聚集的社区，剩下的事情就是让顾客自己在社区里表演了。

在学术界的表达系统中，兴趣消费被引申为第三次消费浪潮，需要将消费者从实用的空间引导到情感价值空间，这种引导其实就是新消费品牌可以发挥的新空间。

把商业竞争的战火引向情感和设计领域，这从某种程度来说，是有效的。典型用户画像行为，直到今天还是一个非常好用的工具，不过，画像应该由顾客自己完成，我们不能替代他们做他们自己的画像。用一张表格，列出典型用户的所有特征，并且试图归纳这些不同的特征，而这些只能够通过认真做产品、打磨好设计、讲好典型用户的故事来实现，让越来越多的用户开始讲述自己的故事,分享自己的体验和感受,最后,感受成海。

在这样的感受里,我们能够找到用户,他的社交需求、悦己的需求、感性和理性的思考、文化属性,都能够借助这个品牌表达出来,品牌变成了用户表达自己的一个工具,这就是新消费品牌的情感个性链条。

三、新消费品牌的渠道设计与互动

放手让用户表达,这是数字时代的传播铁律。

从哲学上讲,语言本身就具有局限性。如果好事者想要挑毛病,就没有什么滴水不漏的话语。因此,品牌方应少表达,让顾客多表达,如果有可能,就展示顾客积极向上的生活场景,这些观点不是原创的观念,而是来自凯文·舍恩·凯勒。

我们做品牌表达的时候,情况也是如此。每一个人都觉得自己最重要,这是数字消费时代的基本特征,在设计品牌表达模式的时候,就需要遵循这样的原则。

1. 消费者与品牌的有效互动

打造品牌和用户的互动行为,不能只考虑一股新鲜劲儿,而要考虑如何和这一代人持续沟通,将顾客从其他竞争者那里夺过来,这是商业战略,是步步为营的商战,绝对不是猎奇游戏。

品牌战略营销，更多的是以一种渗透的方式，每一步落一个子，最终能够连成一片，吃下更多的市场，将自己的餐饮品牌变成生态品牌。可以借鉴小尾羊的案例。

一些主流定位的中端餐饮品牌，正在向地级市和县城扩张，而且已经持续深耕地级市和县城多年了，比如小尾羊品牌。其定位于内蒙古优质羊品种小尾羊，满足消费者在家门口就能够吃到大草原优质羊肉的诉求。这么多年来，这家连锁餐饮品牌一直采用"做大产业链，实现本地化"的策略，在食材品质上对标市场领先者，成为"闷声发财的火锅品牌"。

由于是产业生态品牌，拥有巨大的养殖基地，每一个连锁店铺都充当了内蒙古养殖基地的销售前端，和本地化市场联结在一起。推广小尾羊这个品类的肉类，将小尾羊作为优质羊肉的代表推向市场，逐步培养本地人对于内蒙古原产地羊肉的认知，培养年轻一代对于原产地品牌的兴趣，在顾客中寻找和培养经销商。

小尾羊火锅店面对的都是年轻顾客。作为一家在全国均有布局的品牌，其对顾客的画像很清晰，在多店对多店的横向比较中，其在县城的消费客单价格和一线城市基本一致，二者的翻桌效率也基本一致，这使品牌坚定了混合布局的决策。

推动消费者与品牌的有效互动，是新消费品牌推广的重要环节，也是品牌发掘消费者价值的重要过程。通过规划品牌与消费者的互动活动或互动途径，品牌方可以更深刻地了解消费者需求，传播品牌价值内涵。

消费者与品牌的互动，可以在消费者需求调研、消费者试用反馈、品牌营销推广等多个环节中实现。品牌可以设计互动操作渠道（本地社群、朋友网络、官网、公众号、小程序、公域流量平台等，都是常见的互动渠道），以了解消费者的真实需求和市场情况，同时在有效互动过程中拉近消费者与品牌之间的关系。

小尾羊的策略是正确的，这种互动方式和眉州酒楼标准化调料包有类似之处，但策略不同。小尾羊火锅门店是本地化的根据地，但本地的肉类市场是比单店大无数倍的大市场。这种"以小换大"的品牌培养互动战略能使门店盈利，并让品牌慢慢渗透进本地市场，是一个高招。

2. 以数字化为基础的渠道融合

新消费品牌渠道设计的本质，就是和用户建立直接关系，顾客只要点点屏幕，10秒之内，就能够联系到最近的交付点或者门店。渠道在变迁，从"渠道为王"的时代转变为"直接关系为王"的时代，是一个趋势。二者的颗粒度不一样，关系为主导的渠道往往是建立在自有社群基础上的自渠道，这些渠道可以反复触及个人。

如果问一个品牌运营商的成本，大部分人会对渠道成本的不可控性感到头痛，任何高档品牌都会在流量问题上纠结。相对垄断的平台流量，即使是品牌商品，也需要参与一种流量对赌，计算投入产出比。

流量红利只是短期的狂欢，并非经营者面临的常态，当平台数字渠道越来越刚性的时候，企业需要架构以数字化为基础的渠道组合。

新消费品牌的渠道布局带有强大的数字化基因，这是值得其他品牌运营者思考的地方。

（1）构建自己的品牌根据地

渠道调性与品牌调性应保持一致。一般来说，奢侈品会严格控制品牌展示的渠道，在那些消费者普遍判断为档次略低的宣传渠道上，往往很难看到奢侈品广告。

对于餐饮业而言，门店成本是刚性的，对于靠精细管理获得利润的餐饮业而言，这些刚性成本只可能增长，不可能下降。因此，他们就会不断建设自渠道以对冲运营成本。

对于蜜雪冰城和绝味鸭脖等快消品品牌而言，其庞大的自渠道一直在构建和扩张中，这是渗透的方式，看似只是一家门店，实际上是一个覆盖几公里的用户网络。渠道的独特属性会影响渠道曝光效果。在评估渠道曝光效果时，可以从渠道信息载体和渠道沉浸能力两个维度来考量。自渠道里可以发视频、图片、声音、文字等内容。其中，视频可以包含较大的信息量，图片和声音容易理解，文字可以带来较大的想象空间。而渠道沉浸能力是指渠道把消费者带入渠道的能力。消费者被带入的程度越深，渠道沉浸能力越强，品牌触达率就越高。在这方面，自渠道的曝光效果当然是最具亲和力的。

自渠道往往沉淀在员工的微信朋友圈。一个店长往往拥有几个手机，每一个手机都是可以直达用户的工具。我遇到一个长沙店店长，她就有4部手机，每一部手机上有5000名用户，每一天的促销信息都即时发到朋友圈，每一条信息在一个小时之内就会产生正反馈。这样也可以评估自渠道的销售成果。

单一门店建立的自渠道微不足道，但这是一种"自下而上"的打法，这是品牌战略部门总结了具体门店的业绩之后推而广之的产物。这是典型的从战术推导出战略的例子。数字化时代的新消费品牌渠道建设，很多并非是规划出来的，而是在多点的实践中探索出来的。

（2）评估渠道布局的投入产出比

由于一些环境因素的影响，线下渠道变得不可控，很多品牌经营者的观念已经发生了转变，即线上自渠道所带来的价值稳定性要高于实体门店的稳定性。

对于新消费品牌而言，经营者的一个自然选择就是尽力去扩大数字渠道，而将实体渠道缩减到一个适度的规模。

新消费品牌的渠道思维和旧的经营者不同，他们站在数字化的门槛上，可以向左走，也可以向右走，本书的每一个案例中，每一家企业对于渠道的理解都是不同的，对于渠道构建的策略也不尽相同。

营销渠道并不具有普适性。以线下渠道为例，商场的黄金位置人气高，但是如果从投入产出比来看，其未必是投入产出比最高的。为什么那些在商场里主营小吃的店铺，大多数位置偏、店面小呢？为什么很多人气店铺会选择开在商场附近，而不是商场内呢？

对主场景中人们行为的洞察，是品牌经营者的基础能力，否则，再多的热闹也和你无关。

对于新渠道而言，经历过的人都知道，渠道转换的过程是极其残酷的，数字化渠道的主场景转换的速度非常快，品牌在某一个平台上能做到上亿的营收，但转换平台的时候，突然跌入谷底。如果没有在新平台上培养出自己的新渠道，品牌往往在两三年内，就会面临被淘汰的结果。对于数字渠道运营商来说，这是惊险的一跃。

在数字渠道搏杀过的人，会对这些内容有感觉，经过两次以上渠道转换的人，会将渠道转换和创新当作管理的一部分，这就是商业背景，是经营的常识。

3. 社群运作

（1）社群自身变现

现在是渠道碎片化时代，品牌企业只能够将碎片化的渠道形成系统的营销矩阵，社群自渠道是其中重要的一种。

对于小微企业而言，社群营销是一个很好的方式。在新消费品牌的实践中，粉丝营销和社群营销从来都是战略层面的工具。作为从0到1创立新门店的重要手段，人们对于社群营销已经很熟悉，所以无须赘述。

兴趣电商适合社群变现，这是持续互动产生价值的垂直社区。在这个社区里，群员之间有共同的兴趣，感兴趣的人会继续留下来观看感兴趣的内容，也会进行社交分享。同类吸引同类。凯文·凯利的"艺术家一千个铁粉理论"，也是对兴趣电商的精准描述，是抖音商业运作的基础理论。

对于餐饮门店而言，社群营销的操作方式几乎是标准化的，每一天，餐饮门店会选在吃饭的时间进行促销，这是脉冲式传达的一种形式。每一个行业的社群变现方式不同，而品牌社群运行会更加规范。

（2）社群产品变现

有吸引力的产品是社群品牌营销的关键，餐饮行业产品是高频消费产品，通过社群进行变现的模式相对比较友好，任何新的菜品都可以在社群里宣传，惠顾顾客并且实现顾客拉新。

实际上，社群杂志化是很多品牌在运作的事情。社群不仅有菜品促销的功能，还是一个美食栏目，实现社区和社群合一，甚至和社区互动，教社区中的人做家常菜；另外，社区也有寻找加盟商的功能。经过层层筛选后的用户，既有针对合作伙伴的特性，也有针对普通消费者的特性。

  社群形成足够的规模后，拥有数百万精准用户的品牌能够瞬间将原产地的农产品带出来，将其变成品牌农产品，这里面的巨大价值，在未来将逐步显现出来。数字化品牌营销基础设施的完善，使每一个连锁餐饮品牌都有可能在渠道跨界领域获得意想不到的收获。

第五章
品牌焕新战略

品牌焕新战略就是"产品战略"乘以"顾客认知战略",体现的是品牌对于动态市场的适应能力。

品牌是产品的牌子,是一个名字、是一个符号,存在于顾客心智中。品牌由产品和顾客认知构成。产品和顾客认知就像中国传统的阴阳图,互为一体、相辅相成、缺一不可。打造品牌就是从产品和顾客认知着手,这也是品牌持续运营的战略抓手。

品牌战略包括产品战略和顾客认知战略,其根据顾客对产品的认知程度,为企业带来有竞争优势的资源配置,构建独特的价值,即将产品组合战略和顾客认知战略结合起来,占据顾客有利的心智资源,实现企业战略,以品牌承载价值,从而实现价值最大化扩张。

本章节讨论品牌焕新战略。事实上,每一个行业的产业迭代周期是不一样的,有的行业几个月迭代一次,有的行业则十年迭代一次。所以,选择可以进行分析的案例样本很重要,正如我们在生物实验室里,喜欢使用小白鼠和兔子来做实验,原因就在于这样的实验能够让人更快拿到实验结果。

相较于一些产业的品牌焕新战略周期需要十几年和二十年时间,餐饮连锁品牌的焕新周期则比较快。对于餐饮业的一些案例分析,能够让我们快速理解品牌焕新战略的来龙去脉。

一、认知品牌焕新

1. 品牌焕新

品牌焕新是品牌整个生命周期中的一个关键挑战环节，在经历重大的市场变革（如新技术的出现、不同时代圈层的崛起等）时，品牌面临着全面焕新换代，以期更好地适应市场环境，在新的市场领域抓取新的客户群体，赢得更高的客户忠诚度。部分百年品牌往往忽视品牌焕新的作用，而在新趋势的冲击下因应对不力而渐渐消失在人们的视野中。

品牌焕新战略是品牌的一次自我拯救的战略行动，其行动计划围绕产品和用户心智重新表达展开。从品牌实践来看，品牌需要保持一直和主流年轻用户群体互动的能力，该能力一旦失去，就很难弥补。

部分品牌进入成熟期之后，会慢慢地在市场发展中显露出缺陷和不足，呈现衰落之态。如果品牌衰落是市场定位缺陷导致的，那么就应该弥补这些缺陷；如果是消费者诉求、圈层发生变化导致的，那么就调整对消费者诉求的满足模式；如果是竞争对手导致的，那么就应该分析竞争对手的优势以及本品牌的不足，然后对症下药。这些都属于品牌焕新的举措。

近年来，很多老品牌实现了翻红。在这些品牌中，有的品牌是通过深度研发"新产品"的形态、特性、体验，为消费者打开一个令人惊喜的世界；还有的品牌通过对品牌新价值进行定位，比如新科技、新品类、新赛道、新圈层、新体验、新特性等，来突破市场竞争中遇到的发展瓶颈。

所有焕新战略之所以取得成功，是因为：品牌不再拘囿于过去的成功和过去的优势，而是紧跟时代的变化与发展趋势，找准与本品牌优势的结合点，以创新的战略和模式来突出和呈现本品牌优势。这也是品牌焕新战略的关键所在。

2. 品牌历险与品牌焕新

现实生活中，有些品牌经历了巨大的市场危机和信任危机，那么这些品牌资产该如何处置？这是品牌经营者需要面对的问题。很多品牌会邀请第三方品牌服务机构参与品牌拯救与焕新，希望其能够给出最佳的应对策略。

关于品牌公关的一般做法，国际品牌管理公司一般会采用清单制。即任何已经发生的案例都有一种处理方式让人参照，以应对未来。在清单之内，一级风险、二级风险和三级风险一目了然。即使是普通员工也知道，一旦发生清单上的情况，自己该如何快速沟通、直面用户、解决问题。

对于历险之后的品牌如何焕新，因为品牌本身具有多样性，我们无法给出标准答案。比如，30年前，春兰空调是领导者品牌，今天，这家企业依然存在，但几次突围都失败了。那么品牌如何焕新呢？企业本身的结构化危机和发展战略框架危机，靠品牌层面的单一焕新策略是无法解决问题的。一个品牌的焕新失败，最主要原因是失去了产品，失去了和主流用户直接对话和传播对话的能力。一流的品牌已经实现了部落生存，但旧品牌还在流量池里试图打捞用户。

我们只有理解品牌的生死，重新思考行业和品牌的本质，才能解决老旧品牌的焕新问题。

二、产品焕新战略

产品是品牌的基础，没有产品，就没有品牌、没有企业。产品是解决顾客问题的形态，没有产品，就没有品牌战略、没有企业战略。一个企业要想长久地生存下去，必须有自己的英雄产品，让顾客想到你就想到你的产品，想到某类产品时也想到你。

产品结构和产品角色，决定企业的成功概率和营销投资效果。成功的产品战略需要一个金角产品（拳头产品）成为市场爆品，打开销路，扎根市场。

企业开发产品、创新产品，一定要先解决用户的某种需求，如功能需求和情感需求。好产品应该通过解决消费者需求，既让顾客向我们买，更让顾客替我们卖。

1. 产品反向创新法

产品老化是企业运营过程中品牌经营者必然遇到的问题。德鲁克说："一个产品在进入市场的时候，就需要知道产品的退出时间。"产品战略包括三个层次，因此，我们又称之为"产品战略三角模型"。

①产品结构，要开展哪些业务、研发哪些产品、形成什么样的产品家族。

②产品角色，每一个产品扮演的战略和承担的战略任务。

③产品推出次序，先做哪块业务、哪个产品，后做哪块业务、哪个产品。

品牌焕新的进程从产品开始，这是一个共识。在此，我提出了产品反向创新三步法，其通常需要满足以下三个条件：

①掌握多方对行业和自身的信息线索，借鉴真实的行业数据信息并从中获得启发。

②掌握市场趋势与动向，有明确的用户画像，对客户群体有深刻的认知，这些认知包括客户需求以及解决需求的强烈动机。

③有一套思考模式和方法，用以迅速地在掌握的信息线索与用户需求之间建立联系，从而形成能够解决某种社会问题的方案。

我以宠小到大宠物用品品牌为例，研究如何通过三步法实现产品的逆向创新。即从需求端出发，来积极解决产品焕新的问题。

（1）第一步：洞察消费者，挖掘核心要点

所谓品牌焕新，内核其实就是在一大堆同质品牌中脱颖而出。

宠物器具市场竞争激烈，产品过度同质化，一般品牌套路明显不灵。宠小到大品牌的价格定位为中高端市场，但无论品牌方怎么说，用户就是不买账。对于品牌经营者团队而言，其只能和用户一起，在互动过程中去寻找答案。

在与 400 多位养宠消费者真切互动后，其找到了几个关键词："便捷、安全、易清洗、高品质"。没错，超量的工作就得到了几个关键词，但品牌经营者知道，这些是价值万金的结论。

面对用户的表达不能让用户怦然心动，那表达就白费了。在与几百位真实用户的交谈过程中，这些以女性为主的年轻单身者，爱干净、求方便、要智能，对于品质有高要求，希望养宠器具智能化和自动化。毋庸置疑，"好清洁、易清洗、安全"就是能够突破消费者心理防线的要点，就是品牌经营者团队要找的能够直接推动消费者购买的品牌价值。

（2）第二步：定位品牌价值，命名直指品牌价值

用户核心需求找到了，一句话就能够让她们兴奋起来，这符合巴甫洛夫的刺激反射原理："人类的一切行为都是刺激反射。"在产品重新命名的时候，命名直指品牌价值，同时产品设计凸显价值。如果你希望顾客有购买行为的反射，就先给他一个刺激信号。所以，宠小到大宠物用品品牌为宠物智能饮水机设计了一个刺激信号，以刺激消费者购买产品，这个刺激信号的第一要素就是产品命名。

用户感知是一个系统工程，为此，我总结了一个公式：企业价值＝金角产品（拳头产品）＋权威专家＋知识顾问。

金角产品。金角产品就是当前的产品，宠物器具——宠物智能饮水机，这是宠小到大切入宠物市场的"尖刀"。

树立权威专家形象。面向未来，成为养宠族的智能养宠专家——除

了智能饮水机、智能鱼缸，还有喂食器、猫屋、猫砂、专属 App、体验店等。宠小到大聚集了宠物研究、宠物喜好研究、宠物用品研究、智能宠物产品设计等方面的专业人士，以成为智能养宠品类的专家。

知识顾问。知识顾问实际上代表了一种品牌服务。宠小到大可以为养宠族提供专业的知识服务，以满足养宠族的知识需求。

（3）第三步：技术迭代升级，开发独特产品

宠小到大的产品设计由内到外地展示了精心布置的生态系统，为宠物主人带来满足感、幸福感和成就感。相较于传统产品，宠小到大的产品更轻便、更智能、更安全，可以让用户感受到新技术为生活带来的便捷。

产品开发的最后一个环节就是围绕顾客需求，通过"技术品牌"放大产品本身优点，让产品符合品牌价值。宠小到大把独特的无线感应水泵——真正的"水电分离"技术，与雷达模式、多重过滤系统等，应用到智能饮水机，为宠物主人提供智能养宠的产品与服务，让宠主真正做到"乐享智能养宠生活"。

产品反向创新的原理就是，产品开发，营销先行。产品开发的流程不是技术导向，而是营销导向，先有营销，再有产品，根据用户提出的品牌价值，去开发这款产品。同时还要创造用户体验，通过体验让他满意，给他惊喜，让他觉得值得回忆，乐于谈论。

从产品痛点到用户沟通模式的转变，用户得到了立即响应，宠小到大品牌也就完成了品牌焕新。

2. 产品推出次序就是品牌战略路线图

围棋的布局有一句最著名的口诀是："金角银边草肚皮"。下围棋首先

要下角，因为这个地方背靠犄角的两个势力，是最容易得势、最好做活的地方。其次是往边上走，边的地方也存在一个无形的势力，也容易做活。此外，你把角与边的位置站住了，这个地方就是你的了，最后形成包围圈，角与边就成了新棋局的势力，逐步往棋盘的肚子中间走。

无论是新创品牌，还是旧品牌的战略焕新，这样的策略都是适用的。

品牌战略要落实到产品战略上，产品推出次序就是品牌战略路线图，这个战略路线图用围棋来比喻最恰当不过了，产品推出次序就像下围棋一样，遵循简单易懂的规律。

产品推出次序的起手式策略就是"围棋战略"，即：第一步要先把最关键的位置占住，即"占金角"，而产品是最容易获得先发优势的。产品扎根"金角"，就为建立品牌站稳了脚跟。

有了"金角"之后，我们就可以通过"金角"之势往周边发展，借助"金角"势能，围绕我们的核心产品，逐步建立一条产品线或者一个业务组合，即"银边"。"金角"与"银边"构成品牌犄角之势，金角产品和产品组合实现大量的销售，品牌认知成功占据消费者心智，此时就构建了强势品牌。

有了"金角"与"银边"的犄角之势，品牌就可以往棋盘中间的更大区域"草肚皮"扩张，带动全线产品销售，实现全品类收割。

对于企业战略来说，产品推出次序路线图决定了产品的成功概率和营销投资效果。

我以宠小到大宠物用品公司的产品推出次序为例来说明。

①"金角"占据制高点。成功扎根宠物用具业务最重要的角色是一个能够扎根市场的金角产品，金角产品的任务就是将产品的功能、认知、体验扎根消费者心智，成为良好的品牌认知。即通过金角产品创立新品类，或建立品类第一认知的核心联想。

宠小到大宠物将饮水机作为第一个金角产品，实现了开疆拓土的战略任务，成功扎根宠物用具赛道，建立宠小到大品牌。同时，其为后续相关产品创造了发展条件。

②"银边"扩张新势力，释放品牌边际效益。在做活第一个金角产品——宠物智能饮水机之后，品牌要乘势而为、扩张银边，即结合喂食器、喂水器及其他产品组合形成战略镰刀，实现业绩稳定增长，释放品牌边际效益。

③收割"草肚皮"的品牌红利，实现品牌最大规模效益。同样以"智能养宠智造家"为战略重心，延续之前的品牌特征，共享宠小到大的品牌资产与品牌红利，并围绕这条"银边"，实现逗猫器、喝水器、猫砂以及宠物食品等产品的扩张，收割最大规模的销售效益。

三、顾客认知焕新战略

品牌战略中，一个毋庸置疑的共识是：认知大于事实。对很多品牌的经营者来说，这既是一件好事，也是一件坏事。好事在于，如果一个企业已经失去了能力，但其用户还会继续追随一段时间；坏事在于，一个新品牌很难崛起，其需要对抗其他品牌用户巨大的认知惯性。

营销学开创者之一菲利普·科特勒有一个消费行为三阶段论，即消费者行为的成长可以分为数量消费、质量消费和感性消费三个阶段。品牌焕新的过程大概囊括在这三个阶段中。

品牌是消费主义发展观的衍生之物，现代社会绝大多数工业产品已经被定义为"非必需品"。感性消费成为消费社会的主要推动力。因此，在谈及品牌可持续价值的时候，一定程度上谈及的就是品牌能不能保持一种感性的能力。

例如，人们在迪士尼乐园购买衍生品的时候，通过话语体系、符号体系和传播行动体系，已经在大脑里构建了一个完整的迪士尼感性世界。一个单一元素见长的品牌很容易被消灭，但一个完整的感性世界，是由很多角度和故事形成的体系，很难被时间消灭，这也是一些国际顶级品牌强调品牌世界观的核心原因。

1. 寻找品牌感性定位

品牌保持青春，需要一种持续的感性能力。情感是诉诸消费者的情绪或情感反应，这个情感存在于消费者心智中，是他们所期待的，而且从产品来说，这个情感是要有支撑点的，并非是虚无缥缈的。只有通过产品带给他们的附加值或情绪上的满足，让他们形成积极的品牌态度，才能引领目标消费者选择这个品牌。

重新定位是一个持续的工作，从某种程度来说，这是一个"感性丧失"到"感性满盈"的动态过程。品牌激发了幽默、热爱、骄傲、高兴等心理感受或感情，恰好满足了消费者的利益要求，以促使其侧重由右脑控制"跟着感觉走"的消费方式。这种品牌价值定位即为"感性动机"定位。

感性联系着直觉，理性联系着盘算，当用户一直在逻辑分析框架中纠结于产品质量、包装、价格或性能等方面的理性信息时，消费者正是基于分析产生信任，是理性决策购买的产品。

然而，对品牌经营者来说，他们总是希望消费者能够跳跃理性思考这个过程。直觉的好感，这是品牌追求的方向。

如果想要去找，一个品牌总是能够找到一种独特的定位方式，然后向用户表达。比如普通的面馆，在适应市场的过程中想要找到一个很好的定位，让用户喜欢，这说起来容易，但做起来很难。

拉面是传统食品，品牌自身如果没有几十年甚至上百年传承，就很难在"传统"二字上建立自己的江湖地位。为了能够将自己的品牌和竞争性品牌区分开来，这里就需要一个强有力的围绕关键词的叙事。说得明白的事情，才能够卖得明白。

一町拉面专注保鲜面15年，年销1亿多份，是深圳食品名片，深受消费者的喜爱。保鲜面方便消费者食用，让消费者随时随地任性。一町拉面是"鲜切面"发明者，代表了正宗、新鲜、美味、安全，对于保鲜面而言，是一个具有独特感受的面食定位，是中国保鲜面典范。

一町拉面保鲜面有"原料新鲜，保鲜，锁鲜，量足，安全"五个特点，因为创始人创造了这些特点，所以这个拉面品牌就有自己的独特市场位置，从满街的拉面品牌里脱颖而出。对于保鲜面而言，一町拉面就代表"新鲜、健康、美味"，这正是消费者需要的。为了更为聚焦，我们将其品牌价值定位简化在新鲜、鲜美的"鲜"字上。这个带感的"鲜"字概括了一种高度浓缩的品牌经营文化，即一切都是新鲜的。从市场调查来看，日益激烈的保鲜面品牌的主要竞争逐渐从"正宗、口味、资历"的产品竞争，转向品牌"健康"以及品牌个性化的差异价值竞争。

2019 年，一町拉面已是创立 15 年的保鲜面品牌。随着美食文化多元化发展，新一代消费者逐渐年轻化，保鲜面迎来了很大的品牌发展机会。

一町拉面在传统饮食范畴里找到了年轻人喜欢的"新鲜"元素，并通过一系列表达呈现出来，事实上，"新鲜"定位不是独一无二的诉求点，也经不起理性的逻辑分析，只能被归入感性诉说范畴，其他拉面馆基本也是这样的做事方式。但谁将做事的方式说得明明白白，谁就占据了市场的有利位置。

2. 理性做产品，感性做表达

"产品是否能够获得市场上消费者的认可，根本上是由产品的价值所满足的消费者需求决定的，而不是由我们认为的产品功能决定的。"

因此，我建立了一个简单的思考模型，以"理性动机与感性动机"为横坐标，以"传统认知和现代认知"为纵坐标，构建一个品牌适应力的思考工具，也就是品牌焕新的思考框架。

横坐标理性动机、感性动机和纵坐标传统认知、现代认知构成了四个象限，这就得到了一个平面，任何一个品牌都可以在这个平面里找到其现实中的原始位置，然后寻找着力点，再移动到目标位置。

所谓理性分析就是用数据说话，当一个用户一直使用数据来分析品牌的时候，这个表达系统多数体现在产品功能层面上。对于品牌产品而言，在可测量领域符合标准，是品牌产品的基本素养。所谓感性，其实就是使用习惯的积累，一位家庭主妇已经多年习惯使用某个品牌的植物油、酱油、醋，如果你让她用其他的品牌，则很难实现改变。

人一旦动了感情，形成了认知惯性，理性分析系统就失去作用。

新诉求点的寻找是一个艰难的过程，在品牌焕新过程中，找到大部分人都能够接受的新共识。比如，一町拉面"新鲜"概念，囊括了理性的需求，食材是新鲜的，这是所有人的诉求共识，其他品牌没有这么定位过；同时，经营者在门店实践中，都围绕着新鲜讲故事，于是感性表达也有了。

第六章 品牌战略运营

好的品牌战略具备战略纵深，没有战略纵深，先做起来再说的思维，对未来有害无益。品牌战略运营需要一些架构性，在本书里，我会谈及三种品牌战略运营结构，即单一品牌矩阵战略、品牌雁阵战略、品牌榕树战略。

一、单一品牌矩阵战略

一个企业运作一个品牌,这是品牌和产品品类合一的模式。品牌企业运营有两条线,一条是产品,另一条是品牌。品牌运营是关于人的事业,从观念层、战略层、管理层、经营层、执行层到用户层,品牌管理是企业内每一个环节的事情,也是每一个人的事情,每一个人都对自己的声誉和品牌声誉负责。

一个企业同时运作几个品牌的时候,就是另外一种模式了,此内容稍后再讲。品牌规则就是如此,有些企业人才辈出,有些企业一个人才都没有。品牌的外貌看似一个超级符号,但真正能够撑起大事业的东西,其实品牌背后的精细管理系统。

一位国际连锁的零售总裁对我说:"中国和欧美一些主导性品牌经营的差距,主要体现在管理系统的差异上。品牌运营这个词只是沿革了以往的说法,其实并不准确。中国的品牌运营,容纳了太多的实用思维,忽略了品牌的形而上部分,品牌内涵和外延是失衡的。"

从我个人视角来看,在前文提到的六个层面中,品牌运营大体上停留在经营层、执行层和用户层,并未出现在管理层、战略层和观念层,其缺少一种上下贯穿的力量。

所谓品牌顶层设计，就是追求一种全面贯穿能力，追求六个层面的结构化，形成一个共轭矩阵。

我在第一章~第四章所谈及的内容，基本是单一品牌的运营模式，品牌企业需要有成功创立第一个品牌的全部经验，才能够走向纵深。品牌管理系统是典型的软实力运营能力，是基于品牌价值观、品牌文化和产品系统的横向复制能力。

我在做品牌咨询时，为了方便思考，使用了一个简单的二分法，将品牌分为两种，即理性品牌和感性品牌。我将主要服务对象集中在了感性品牌部分，从价值观和文化视角来启动品牌运营战略，这是本土化品牌运作的主要道路。

其实，单一品牌矩阵战略也适合一些理性工业品牌的实施策略。

全球最具品牌价值的化学品品牌巴斯夫，就是典型的理性品牌，也是全球知名的工业品牌。大家可能觉得前文还在谈餐饮行业，现在突然讲化学产业案例，似乎有些不合适。事实上，巴斯夫一直是全球最大的食品添加剂生产工厂之一。在整个食品产业链条中，属于隐藏在幕后的基础材料供应商。实际上，大部分人不了解巴斯夫，但每天都在使用巴斯夫。美妆行业的人都知道，巴斯夫是世界上最大的天然美妆原材料供应商。在医药领域，巴斯夫是最大的原药合成制造商。

对于巴斯夫到底有多少精细化学产品，可能能列出数千个品种，但所有的精细功能化学品都有一个统一的品牌：BASF。

巴斯夫成立于1865年，是世界上最长寿的巨型公司之一，对于其化学品品质的认知，已经伴随了几代人。工业品牌就是靠品质取胜，这是品牌核心理念；贴近客户，通过和环境友好的方式生产产品，追求可持续发展理念。这些理念，铸就了强大的工业品牌。

工业品牌的核心是客户的信任度，通过信任度来强化品牌形象。每一个子类产品都靠品质说话，以此来共建一个产品矩阵。

我觉得这个策略可以类比一个拥有一万家店铺的餐饮连锁门店，一万家门店共用一个餐饮品牌，这就要求每一个门店都不能在产品和服务品质上掉链子，需要有统一执行理念的能力。将一家门店比喻为巴斯夫的一个子产品，通过这样类比的方式，能够为我们提供一些思路。

巴斯夫的企业名字和产品名字一致，这符合人们对于"集团品牌"的认知。这个词现在不常用了。现在，"集团品牌"更多的是一种口碑和信任度的积累，是基于企业历史贡献的荣耀感。

我们也可以从中国一些大型国企那里找到启示，比如中国航天，其算是一种集团品牌，具有共同的屋顶，共同输出集团品牌价值形象，只要提到这个品牌，旗下的任何一个部门、一个人都会共享荣耀。中国航天和一般消费企业不同，其以一种面向全人类的奉献精神来进行自我教育。如果我们留意全世界的工业品牌的表达会发现，它们基本在传达一种形而上的内在精神。至于前文谈及的品牌运营六个层面，理性的工业品牌是贯穿其中的。

单一品牌矩阵战略在一定程度上遗留了大量工业时代的品牌思维方式。对于基础工业组织和工业品牌而言，有些品牌案例在今天依然是很好的品牌塑造模型。典型的案例就是福特汽车创始人福特说的一句话:"顾客需要五颜六色的汽车,但我们只提供黑色的汽车。"

很多人觉得福特傲慢,不听取用户诉求,本质上,福特的表达乃是工业品牌的一种表现,其更加注重品质,更加注重性价比这些价值元素。对于响应市场需求这件事并不理会。然而,作为感性品牌,其行为模式则恰恰相反。

当我们理解工业品牌的一般内在规律的时候,对于工业组织的使命愿景这些形而上的价值理念就会有更深的理解,不会再陷入教条模式。

一个餐饮连锁店铺不需要太理性的表达,说给大众听的语言,大众需要听得懂。比如乔布斯说:"设计给家人用的好产品。"这样的表达模式就是消费品牌的典型表达。即和顾客建立关系,是所有消费品牌的核心表达。

1. 单一品牌矩阵的价值一致性

我在咨询过程中遇到了一个典型的问题,那就是一个产品品牌的寿命周期问题。在数字时代,每一个人都可能有所感受:一些网红品牌的寿命周期太短了。很多餐饮业的决策者认为,在方生方死的当下,不确定性像洪水猛兽一样,随时会冲出来吞噬企业,其对于品牌能否存续下来,缺乏信心。

品牌顺利延续下去是一个系统工程,这里就需要一个结构构建,即在一个产品和另一个产品之间,进行横向联结,这个结构就是企业品牌或者集团品牌的价值所在。

从实际观察来看,企业品牌并不是塑造出来的,而是打出来的,这是一种自我证明的机制。在上一个案例中,巴斯夫的每一个子产品都是一种证明，它们加起来就成就了巴斯夫的企业品牌。这是一百六十年时间的沉淀，需要一种始终如一的精神。

（1）品牌运营红线

企业品牌提供一种自律的价值观，这种价值观的底线是不作恶，这是对企业品牌价值观最基本的要求。对于品牌竞争而言，坚持国家标准，坚持品质至上的底线绝不能打破。在运营过程中，任何以次充好的行为都是对品牌的毁灭行为。坚持标准化运营，是品牌运营的红线。

企业品牌的宣讲不需要讲大话，只需要坚持这样的红线，时间久了，必有收获。企业品牌是品牌管理者维护的主要目标，是产品品牌运营的仲裁部门，这是一种既分离又融合的关系，相当于品牌的监事会和纪律部门。

很多连锁餐饮企业在门店数量达到十几家的时候，就开始失控了，管理部门对于门店的控制力度变弱，直接管理的门店能做到精细管理，但品牌授权门店很难贯彻品牌的标准化模式，导致产品品质和服务失控。

这个问题出在品牌创始人身上，他们在推进连锁品牌的过程中，过度看重前期收益，即加盟费用，将品牌运营当成一种"快钱模式"，对于长期价值缺少认知，完全没有开放价值链的思维和管理经验。简单来说，就是企业品牌方忘记了自己的管理责任。实际上，授权之日就是管理之日，加盟是一个管理系统的输出，而不是一个商标符号和装修模式的输出。

（2）整体思维

企业品牌是一种整体思维，这是一种品牌剩余价值的总账户。这是一种观念资产，是品牌经营者的素养驾驭的资产，存在于企业的观念空间里。品牌的门店增多，企业品牌的整体也会扩大，管理责任也会扩大，像管理员工一样管理加盟店铺，这是对企业的基本要求。品牌管理是一个极其需要责任心的经营行为，所有连锁品牌出现问题，都是管理者丧失了管理动力的后果。

很多人只看到了员工劳动的剩余价值，没有看到构建系统所带来的剩余价值，那是财富实现数十倍增加的核心所在。世界级的品牌企业都将眼光放在整体品牌的价值增值上。

单一品牌矩阵的价值一致性，是对企业品牌的总体要求，其深层本质在于追求一种超级增长的机制。

（3）如何保证标准化复制能力

工业的核心精神在于标准化复制，这也是品牌运营的基础，丧失了基本的标准复制能力，那么一个企业参与品牌竞争的资格就基本被剥夺了。因此，在进行咨询的时候，我们团队总是不厌其烦地问客户一个问题：如何保证你的标准化复制能力？

基础不牢，地动山摇，经历过品牌危机的人都会有感觉。企业品牌是企业的母系品牌，其企业品牌产品、关联子品牌产品、受托子品牌产品、独立子品牌产品，都会因为企业整体品牌的危机而受到颠覆性影响。

企业品牌对于子品牌的背书和担保机制，是金融系统的一般逻辑，为何会这样呢？经营品牌和金融市场的本质一样，就是在经营信用。品牌表达是一个金字塔结构，最底层就是对于顾客的信用承诺，是未成文契约。在《中华人民共和国广告法》中有关于承诺兑现的条款，而品牌的语言带有广告性，因此，企业须十分重视。

因此，企业在进行品牌认知与品牌业务规划乃至品牌形象更新迭代时，都要保持品牌系的整体性、一致性、延续性。

2. 品牌管理与培训机制

在工业思维层面，泰勒制的发明者，泰勒曾经说过："我们本来只想雇用一双手，结果却来了一个人。"这句话表达的核心观点是，工业经济是标准化经济，生产线是不需要有创想的地方。工业经济都是先固化再改进，严禁生产环节的人临时起意，改进制造工序。考察过制造业企业工作细节的人知道，这是工业经济的一条铁律。这也是标准化思维。

中国有先进的制造业，先进制造业需要执行一系列的国际和国家标准，一个普通的螺丝螺帽，在全世界任何一个工厂都能够严丝合缝，无障碍使用。

在和客户进行交流的时候，我们有一个研讨的过程，我们不是带客户进入领先的品牌管理部门，而是进入先进制造业的车间，考察每一个不同的零部件如何在生产线上实现自动填料、自行组装，到达生产线尾部，变成完整的功能性产品。产品先经过机器检测，再经过人工检测，进入仓储空间，摆在预先测算好的位置。在机器人取件过程中，批量产品又被精确提取出来，装车，送到集装箱的指定位置，进入全球市场。所有数据都在生产过程中同步产生、同步分析、同步分发给整个价值链上的关系伙伴。

品牌企业的品牌管理流程能否达到先进制造业的管理水平？我们能否

将每一个餐饮门店都变成一个标准的生产线？

泰勒制的生产线思维适合完全标准化的工业企业，这是大规模和超大规模制造的基础。品牌管理流程和工业流程有内在的相似之处，但也有不同之处。

品牌经济的逻辑是，我们不仅要雇用一双手，还需要雇用一个人的心智。这是工业经济和品牌经济的主要差别。

在和客户制订品牌管理流程方案的时候，我们将能够标准化的东西彻底标准化，不需要品牌终端的人为此伤脑筋；但品牌经济确实无法完全标准化，比如微笑服务，一张冰冷的脸，用户马上就能感受到，这个问题只能靠培训和品牌文化价值观解决。

以海底捞的品牌培训为例，这是典型的单一品牌矩阵战略的应用企业，所有的门店和周边产品都使用同一个品牌。因此，品牌风险比较大，而企业品牌和产品品牌合一的好处是可以降低成本。

关于培训的价值，海底捞的文稿里给出一句话："做管理的人就像写毛笔字一样，你可以写出10个一模一样的'山'字吗？你肯定是做不到的，这需要磨炼和学习。"实现品牌管理标准化是一个艰苦的适应过程，需要去掉无数的小毛病，变成一个合格的品牌服务者。我在分析文稿的时候，得出几个结论，可以作为品牌培训体系的参考。

①品牌企业不仅强调做事，更强调做人。做人的本质就是以同理心看待一切事情。

②品牌企业是心智驱动的企业，这里有一个向内行走的过程，也是一

个向外行走的过程。整个服务过程是尊重，品牌企业必须尊重员工，员工才能够尊重顾客，这是一个完整的心智传递的链条。

③放权不是空谈，而是给一线服务员免单的权力。权力下放的时候责任也会同步下放。

④一条一条对着手册执行，一旦发生管理争执，需要的不是权威，而是逐条对照手册，类似飞行员在飞机出现故障时使用的操作规范一样。

⑤好的员工能够控制自己的情绪，善待客户、让客户开心，并因此形成一个正反馈链条，以热心带动热心。

品牌企业的管理需要一种激励系统，鼓励有服务热忱的员工用稳定的情绪和具亲和力的话语与用户沟通。而管理者需要用经济激励工具来解决问题。

在解决危机的过程中，单一品牌矩阵战略的风险管理一直是一道难题。一个连锁餐饮企业，并不总是碰到具有同理心的顾客。餐饮服务业者深有体会，很多人离开餐饮业，从事其他行业，并不是由于企业不盈利，而是连续处理恶意顾客的问题使其对人性感到失望。

餐饮门店随时会有争执发生，一旦发生问题，一线的服务人员就应能直接解决问题。对于危机管理而言，第一现场是最佳的解决问题的地点。换一个场合、换一个上层管理者进行再交涉，很可能会造成事态扩大。

通过培训，也通过权力下放的方式，让海底捞员工在一线处理问题，基本上实现了问题不出店的风险管理目标。免单是一种权力，但在决策一桌免单的时候，决策者所遭受的心灵冲击是无法用语言形容的。这比事后经理层的批评修正更具有自我成长的意义。

最好的培训就是在实践中，认识人的同时也认识自己。品牌经营具有一定的人文意义，在海底捞简单的文字里，我们能够感受到一些深层的东西。

二、品牌雁阵战略

从产品型商业企业到品牌管理公司，这是一个观念飞跃的过程，要精通企业管理、精通品牌管理，还要精通大众文化，听起来确实很难。实际上，品牌经济发展到今天，基本实现了知识的模块化，这就像软件行业一样，一家企业在进行品牌管理的时候，无须重复造轮子。

品牌雁阵战略只是方便读者记忆，使用的词大概有以下几个：品牌孵化、品牌裂变、品牌并购和品牌资本运营等。

我之所以取一个新的名词，目的就是将这些相互纠缠的概念做一个结构化，并且将企业商业模式、管理行为和品牌战略做一个统合型的陈述。重新认知一遍，也许对于当下一些创业企业和已经在路上的品牌企业有一定的价值。

雁阵战略的思考来自雁阵效应（Wild Goose Queue Effect），大雁群体需要在天空中长途飞翔，会形成一个固定的队列，排成"人"字阵或

"一"字斜阵，头雁在飞行一段时间后，会和其他大雁更换位置，继续向前。

一队大雁按照固定模式飞行，这是一个简单的系统。据专家统计，同样的能量，借助队列飞行比单独飞行的大雁能多走70%的旅程，也就是说，系统形成的更高效的能量传递链，能够让大雁阵列保持更高的飞行效率。

做品牌运营需要思考原型，基于能量的思考是最基础的思维模式，对于任何系统运行都会接触到本质，品牌雁阵战略给了我们这样一个思考的原点。

这里给出一个问题：如何用最小的代价创立一个新的品牌？如何用一个品牌雁阵战略，保证企业在高度不确定的市场里持续生存下去？

1. 借势借力的雁阵模式

品牌资产和品牌管理位于商业系统的上位，但渗入商业系统的所有部分。这和资本运营有类似的地方，资本也是一种能量体系，可以从企业系统里提炼出来，通过寻找更高价值的投资对象，实现更高价值。

我们理解资本系的概念，但现在还没有品牌系的概念。举一个案例，借助腾讯在社交领域的领先地位，其形成雁阵效应，不断对外进行投资，形成了一个庞大的生态，被称为"腾讯系"。我们以为腾讯是一个企业，实际上，其投资的公司已经超过800家，其中有70多家陆续上市，超过160家企业是市值超过百亿美元或者新创办的估值超过10亿美元的独角兽。

事实上，像百胜控股这样的企业，介于资本和品牌之间，或者说统一了资本运营和品牌运营，形成了中国市场上的一个商业物种。很多品牌观察者看到了百胜控股单一品牌的市场覆盖率和占有率，以及其采取的管理系统，但在百胜控股品牌系统的上位，还有一个资本系统，这是一个三层的驱动结构：底层为连锁餐饮品牌门店、上一层为品牌管理公司、顶层是更成熟的资本系统。在中国的品牌实践中，百胜控股的价值还是被低估了。在进入中国市场之后，品牌运营系统从符号主义飞跃到了管理制胜，之后又上升到了资本制胜。对于中国市场而言，一些消费品品牌的未来之路，大概就是如此了。

百胜控股现在旗下有若干个品牌组合，它们在中国市场也在探索着更好的发展路径，除了运营多个国际餐饮品牌，整个管理战略正在转向新品牌孵化，他们在投资控股本土品牌方面加快了步伐，其投资和逐步导入管理力量的黄记煌等品牌，增长态势良好。

从单一品牌矩阵战略过渡到品牌雁阵战略，这就是当下市场正在发生的事情。

品牌雁阵战略实施的背景，恰恰是国际快餐品牌在中国市场已经进入一些县城和小镇、市场趋于饱和的时候。不可否认的是，在建立从一线到小镇的品牌价值链方面，百胜控股有很高的管理效能。作为一个完整的大市场，多角经营必定是一个努力的方向。横向和侧向扩张是企业的必然选择。一个县城可以有一家肯德基，也可以有一家必胜客，还可以一家黄记煌，形成多品牌的飞行模式，就是一种多角经营的进程。

关于百胜控股如何孵化一个新品牌的问题，可以借助其对黄记煌焖锅的收购，来总结一个专业的品牌管理公司，在战略层面孵化一个品牌需要遵循的基本规律。

按照战略定位的一般逻辑，对于拥有资本运营系统的百胜控股来说，其雁阵战略的实施并不是从 0 到 1 的创始过程。初创企业从经济自洽，到发展出自己的基础品牌系统，并且能够坚持 10 年左右，这就战胜了 99% 的对手。

购买经过市场验证、在商业上已经跑通的餐饮品牌，这是百胜控股这些品牌公司的起点，其将品牌并购的标的集中在已经获得初步成功的 1%。这是一种先打出来再融入系统孵化的过程，保证了项目的成功率。

百胜控股是国际化公司，因此在做本土餐饮项目的时候，其不仅会思考如何进入中国市场的问题，还会考虑跨文化扩张的问题。只有符合健康标准的饮食才能够走出去，十几年来，随着城市人口营养过剩成为普遍现象，人们对于"油炸品类"食品开始转变认知，这就逼迫品牌管理公司去寻找符合大众认知的连锁餐饮品牌。

黄记煌是中国"焖锅品类"的领军者，焖锅食材制作工艺避开了人们对于高糖饮食和油炸饮食形成的认知模式，被认为是一个更健康、更环保的饮食方式。

焖锅是一个饮食品类，在市场中正处于一种将起未起、适合进行标准化的新品类。对新品类主导品牌的占据，是百胜控股进行战略品牌孵化的第二个基础原则。即占领一个新品类，面向未来几十年中国和世界餐饮市场的观念认知，提前迎合未来。

和火锅系统相比，黄记煌的半固性食材更加适合宅配送，也更加适合标准化急速服务，这种模式和百胜品牌原来的门店配送系统兼容，在原来的统一配送和人才系统上完全相融。本来，百胜控股的品牌后勤系统就是一个完善的结构体，将黄记煌体系嫁接到这个体系中，完成更大规模、更大空间的扩展，这是一个战略思考。在客观上，也能够知道企业为了适应本地化的巨大市场所做的努力。

百胜控股在战略层面的调整符合基础逻辑：以最小的代价来孵化一个具有巨大潜力的品牌，即选择一只本来就能飞的大雁，将其编入雁阵中。总之，品牌要在取势、取时、取术过程中，看准市场时机、逆势并购、完成一种新的布局。

2. 从1到10的品牌扩张战略

做企业需要理解企业的本质，企业的指针始终是指向膨胀扩大的，只要资源条件允许，每一个企业都会走自然扩张，或者靠创始团队的意志走向扩张的道路。品牌企业也是如此，品牌内藏着一种野心，就是以更精巧的方式完成扩张的过程。说到底，更大的市场、更大的利润、更高的市值，永远是市场经济下每一个企业主体的本能追求。

其实在讲述品牌雁阵战略的时候，市场中能够拿来分析的案例很少。但只有在一些品牌案例分析的基础上向前一步，才能理解雁阵模式如何让中国品牌活得更健康，以及走向未来的基础战略。

拥有第一个强势品牌的全部经验，才能够按照雁阵模式飞行。本书前四章的模式，都是打造"头雁"的过程。打造"头雁"是非常重要的基础工作。做第一个品牌的过程中，会有巨大的沉没资产问题，就像沉入江底的桥墩部分。品牌雁阵战略的存在，就是在复用资产、节约能量，让资产运营效能得以数量级的提升，这就是雁阵战略的价值所在。

我来分析一下卫龙辣条的未来。如果从现在的品牌结构模式中取得突破，依照百胜控股雁阵战略的一般进程，其该如何实现企业跨越式发展。

在儿童和青少年的小食品品类中，辣条是一种很特别的品类。但毫无疑问，卫龙辣条品牌确实是这个品类食品的冠军，一年能卖出十多万吨辣条产品，年收入超四十亿元人民币。在辣条品类中，卫龙辣条属于渠道标配品，其将能够占领的零售渠道都占据了。另外，卫龙也开发了很多类似的小食品，形成一个产品矩阵，如魔芋爽、亲嘴烧等，其作为一个产品组合，共用卫龙品牌。

"辣条"市场一直存在健康认知争议，其品类市场空间已经见顶，对于品牌经营者来说，这是一个存量市场。存量市场无法进行放量扩张，接受品类原材料和渠道供应链价格的上下波动是一种常态。

辣条产品及周边小食品只是企业打出的第一个强势品牌。用雁阵战略能够分析出企业未来的大致走向。企业未来看似有无数条路途可以选择，但最后只有一条路，就是符合产业规律，扮演专业品牌管理者的新角色。

卫龙食品是一家上市公司，上市公司天然就是一个产业的战略投资者，这是由公众公司的结构决定的。作为产业整合专家，经营工具组合必然需要升级，即结合资本并购、品牌矩阵、产品矩阵和渠道资源，重新结构化企业内外部资源。

我们只有在比较中，才能知道卫龙食品战略的突破路径。前文案例中，百胜控股从"高糖油炸"产品认知，兼容"健康焖制"的新认知，将异质的需求纳入品牌管理系统中，复用企业资源，寻找新的增长极。卫龙食品辣条品牌也一直处于被质疑的市场地位，需要进行异质高端化、健康化的中高端品牌布局，而不只是产品布局。

企业的优势，只有在比较中才会被洞察出来。和奶茶品牌香飘飘相比，在市场高位的时候，卫龙食品的市值是香飘飘的十倍。资本市场看重卫龙食品，一个重要原因就是其具备从0开始打造一个强势品牌的完整经验；另一个原因是，企业拥有全国一体化的超级渠道网络，其市场渗透率极高。

理论上，每一个全覆盖品牌都有极强的市场衍生能力。香飘飘奶茶一年卖出3亿杯，是杯装奶茶的冠军企业，估值为何偏低？和喜茶、蜜雪冰城相比，后者处于面向年轻消费者的社交结构场景中，而香飘飘处于商超货柜内，其数字化运营系统并没有积累直接用户群体，而且，作为单品冠军，其渠道覆盖率并不高。

资产可衡量、可计算是资本市场的底层规则，是用财务思维来看品牌资产。显然，一个以品牌带动卖货的思维支撑的品牌，无法和资本市场进行实质对话。

资本市场给予卫龙辣条的市值肯定，实际上是在综合评估之后，对企业品牌管理团队完成一种从1到10，甚至从1到100工作的期望，这是一种内在的逻辑。

以品牌管理者思维和品牌资本思维来重置资源，从市值的角度来思考问题，如果百胜控股来做香飘飘奶茶品牌，他们会怎么做？让卫龙来运营品牌，是不是会有一些不一样，市值会不会有几倍的增长呢？事实上，相对于几十亿元的辣条市场，面对有3000亿市场规模的现冲茶饮市场，卫龙辣条背后的品牌管理公司可以进行跨舒适区作业。

3. 品牌雁阵战略的实施进程

品牌雁阵战略很好理解，但单纯用语言描述有一些抽象。从案例分析出其运作规律，还是必要的表达模式。

在项目咨询和品牌价值交流过程中，我经常被问及一个问题，品牌雁阵战略做到10的状态是什么样子的？

我是这样理解的，雁阵战略做得好的企业，必然会调用大量可控的社会资源，打造一个直接面对数亿用户的运营底座，这个运营底座表现为和一个国家的基础零售渠道重叠，是一种内外共建的基础服务网络，全国一张网，或者世界级点对点的服务网络，在这样的基础上完成品牌孵化、品牌裂变、品牌并购和品牌资本运营。

雁阵战略的价值在于提供战略纵深，将一个品牌创立的过程当成一个通途，而雁阵就是一个看不见的空气动力学的通道。为了解释清楚，用案例来说明。

同卫龙辣条一样，喜之郎果冻也是一代孩子的普遍记忆。在对这个案例进行研究时，我发现了一个强势品牌的规则：渠道自驱动系统，即任何一个零售店铺，当产品成为店铺的标配品时，即使是品牌方渗透不到的地方，终端经营者也会自动参与品牌产品的周转。一旦有了这样的渠道驱动力,就意味着品牌的头雁系统已经打造完成。

还是以卫龙辣条为例来分析品牌资产。卫龙的渠道和喜之郎的渠道基本相似,具有一定的重叠性,其中,根据招股书的表述,截至2020年年底,卫龙与1900余家经销商合作,开辟了57万个零售终端,其中70%的零售终端位于下沉市场,线下渠道销售贡献达到90%。实际上,卫龙股票之所以值钱,本质上,是因为这家公司已经具备一个品牌孵化温床的条件。这是一个可以重复再利用的终端网络,要知道,用户认可是一方面,渠道认可同样重要。

喜之郎果冻拥有和香飘飘一样的市值,甚至比香飘飘稍微高一些,一般市场认定在80亿元左右。事实上,喜之郎果冻不仅是中国最大的果冻生产商,也是世界最大的果冻品牌商。

从渠道数据来看,喜之郎市场覆盖率高,占领大多数终端,其数量大约是卫龙终端数量的两倍。喜之郎的品牌运营策略符合一个强势品牌的评估系统,作为一个拥有30年历史的品类冠军,其当然具备做雁阵战略的条件。

事实上,喜之郎已经开始做雁阵战略的尝试了,其创立的杯装奶茶"优乐美"品牌,借助和喜之郎果冻一样的打法,也借助喜之郎果冻积累的渠道,使"优乐美"同样成为家喻户晓的品类冠亚军,也是数一数二的品牌;喜之郎"美好时光"海苔同样占据了很高的市场地位。喜之郎"美好时光"海苔的打法更加成熟,即用大众熟悉的"超级符号和超级词汇 + 孵化的二级品牌名称 + 新产品名",待条件成熟时,促使"美好时光"独立出来,形成新品牌。

很可惜的是，在销售额巨大、市场影响力足够的情况下，"优乐美"品牌出现了商标纠纷，这对于品牌管理方来说是巨大的损失。

从横向比较分析来看，雁阵战略模式在喜之郎的体系中，已经开始成型，尽管有巨大的经营教训。经营没有百分之百成功的事情，很多核心的品牌理念都是在实践中形成的，这些教训也是其市值和管理系统被低估的原因之一。一个不存在系统缺陷的观念系统和管理系统相结合，才能够成为资本市场的宠儿。

从品牌管理的角度来思考，喜之郎品牌管理团队具备自我升级的能力。但是，我们需要一个重大思维的转变，这是很多本土品牌需要自我改进的地方，那就是将品牌作为企业运营的顶级战略来思考问题，而不是一个售货的工具。将企业的人才梯队管理、财务和金融资产管理、生产管理等系统在品牌雁阵下进行组合，建立专门维护品牌资产的团队，盯住品牌经营的流程，这是未来要做的事情。

喜之郎果冻创业周期已经超过30年，这就是巴菲特比较喜欢投资的典型企业，其未来就是和国民需求捆绑在一起的基础品牌，未来还会稳定住几个食品品类市场。

基于现有品牌，科学实施品牌延伸，是确保集团品牌永葆吸引力、使品牌长期获得消费者青睐的一种有效手段。所谓"品牌延伸"，是指一个品牌以原有的产品或业务为基础，展开对新产品或业务的延伸，实现多项产品或业务对同一品牌的共享。

喜之郎的品牌延伸策略，在某种程度上提供了一个范例，其在一定程度上实现了自己的品牌裂变战略，这是企业永续经营的战略路径。

事实上，每一个品牌都会老化，品牌管理团队执行雁阵战略，不仅仅是基于"老带新"的思考，还是一种逆向的"新带老"的思维模式。

雁阵战略的魅力就是，品牌组合也是不断更换头雁的过程，这是一种内部的赛马机制。对于雁阵战略来说，"老带新"是一个进程，"新带老"才是雁阵战略的精髓所在。

三、品牌榕树战略

品牌战术是一种飞起来向下的打法，这里有一个品牌向上飞升的过程，也有一个向下落地的过程，品牌经营注定是一个三维立体结构。

品牌榕树战略，选择了"一木成林"的榕树作为参考原型，符合大众认知，可以更好地传达系统想法。

之前，小米创造了一种战略，这个战略被命名为"竹林战略"，通过巨大的主根系，也就是小米手机及网络的根基特性，通过横向发展和竖向发展，构筑一个三维的品牌数字化空间。

在横向扩张的空间里，竹根扩展到哪里，几年之后的春天一到，无数竹笋就从地上冒出来，以非常快的速度变成一片竹林，完成产品和服务的多元化布局。"竹林战略"之所以保持着高速度，是因为小米发展模式本来就是移动互联网公司，是比品牌战略和产品战略更大的战略框架，是一种数字化生态实践。

小米提供战略级别的数字渠道，建立数字平台，为600家以上的企业提供数字化方案，所有新加入的企业都冠以小米品牌，形成"将所有产品卖给一个人"的生态品牌模式。

显然，小米的"竹林战略"打造的是平台型公司和新的品牌塑造模式。对于一般中小消费型企业来说，在缺少战略投资和复杂技术背景的情况下，很难将这样的系统工程做起来。

"竹林战略"巨大的系统协同能力，是数百亿资金和调动手机产业链的结果，从价格竞争者入手，杀低整个手机产业链后，才有了拥有数亿用户的小米生态网络，打造出了一个世界级的小米数字生活品牌。

品牌榕树战略，是一个适合餐饮连锁企业的战略构建。我国北方人对于榕树没有直接的观感，但南方人则能天天看到榕树，并且知道，在有空间的情况下，榕树会从空中垂下根系，实现扎根，在新的相邻区域再长出一棵大树。

榕树生长和繁衍的精彩部分是在空中完成的，也就是一个顶级餐饮品牌可以孵化出一个新的同层次品牌。比如眉州酒楼孵化出王家渡火锅，就是榕树型繁衍的一个例子。一个中高档的餐饮品牌可以孵化同一个消费等级的品牌，因此，王家渡火锅也定位在中端餐饮。同样地，一个奢侈品品牌可以通过榕树战略孵化另一个奢侈品品牌。

榕树生长周期很长，这和竹林的急速生长机制完全不同，在南方的村落和都市公园里，百年和数百年的榕树并不稀缺。而对于餐饮品牌来说，时间久了，品牌就会成为历史的一部分，也成为文化的一部分，赚取利润是一部分追求，永续经营才是品牌的根本价值所在。

品牌榕树战略是一个顶级的品牌思维模式，更加适合中小企业的品牌发展战略构建。有人曾问过我：雁阵战略和榕树战略有什么不一样的地方？

通俗地说，雁阵战略的品牌经营思想，其实类似于牧羊人的思维，一条鞭子，放一只羊是放羊，放一群羊也是放羊，在草场环境允许的情况下，索性就放一群羊，通过不断转场，进行资源匹配，实现最佳运营效能。而品牌榕树战略则是，"让自己成为河流本身，任水流过"的品牌哲学。

每一个品牌的战略天花板实际上是产业规模，单一品类品牌在市场占有率冲到顶峰的时候，也未必能实现规模经营。

品牌榕树战略也是一种品牌经营思想，这是一种向下扎根、向上生长、不急不躁的经营框架。第一棵大树落成之日，就是"一木成林"的战略转折点。这是一种先慢后快的发展路径。

1. 企业外部资源战略管理

德鲁克在晚年总结企业管理的时候，有一个飞跃性认知，他说："我们已经进入组织的社会，所有组织的共通点就是组织的成果只限于外部……"

德鲁克在老年的时候，已经吐词不清，但他总结了一个非常重要的结论："组织的成果在组织外部"。生产资源已经不再稀缺，消费资源才变得如此稀缺。从营销失灵到品牌营销失灵的事例可知，我们需要努力经营用户，思考企业周围的环境承载力，做一个和环境友好的企业，成为社会经济的一部分。

一家做长久战略设计的品牌，必然和这个国家的商业系统紧密联系在一起，成为其不可分割的一部分，最终形成一片生态的榕树结构。以娃哈哈集团为例，该企业所有的价值链已经和这个国家紧密相连。企业成立至今 30 多年，现在，这家企业的创始人宗庆后谈及企业荣耀的时候，主要讲的不是生产了多少水、多少食品，有多少家工厂，而是讲娃哈哈用几十年的时间，精心编织了一张覆盖有一万多家经销商、几十万家仓储批发商、几百万个销售终端的"联销体"网络。从某种角度讲，娃哈哈集团的网络代表了我国的生活产品供应链的水平。

宗庆后和管理团队所建立的网络如毛细血管一样，渗透到全国各地的一线到四线城市，并且进入全国各地的县镇乡村。品牌的发展就是国家社会经济的一部分，这就是"我将无我"的发展形态。

这时我们再看娃哈哈集团就会有一个不同的视角：这家企业的主导性战略资产不是工厂，也不是积累的可计算的个人财富，而是一个庞大无比的品牌渠道和用户网络。

从创立一个赚钱的产品品牌，到创立一个可以溢价几倍甚至几十倍的品牌资产结构系统，再到成为一个和社会经济共生的品牌用户网络，这三个层级的飞跃，就是娃哈哈品牌几十年的发展历程。

和出色的线下网络相比，其数字化进程也值得称道。更高的价值链效率，意味着在整个价值链上的经营者，都是连成一体的社会经济网络，其供应链产业金融运作的效率也高于一般经营水平。娃哈哈集团经营的是品牌价值网络，这意味着他们同时为几十万家中小企业提供了一个生态型价值空间。

德鲁克曾说："有些资源不一定是组织所拥有的，但只要能产生成果，就应该被列入资源名单。资源大多在外部。"

这句话回答了一个时代的品牌思维问题。品牌是建立在用户心智中的价值网络，它不受企业的管理和控制，企业只能用一些间接的影响力和新的管理工具来实施品牌管理。这种企业资产基础算法的改变，意味着企业需要将最重要的资产放到企业外部，用共生的概念，而不是控制的概念继续经营企业。

这是品牌企业的基础观念，也是很多企业敢于在品牌领域进行战略投资的底层逻辑。

2. 在利己和利他之间均衡的品牌战略

在今天的市场里，品牌如何才能实现和社会共生？这涉及榕树原型的提出过程。

硅谷的观察者在研究硅谷新物种经济的时候，提出了一种战略："雨林战略"。它认为硅谷就是一个热带雨林，本身就是物种的天堂，无数动植物在一起形成生态，各自凭着自己的生存策略进行繁衍，并且不断衍生出新物种。但组成的生态不是平均化的，每一个物种在生态里的地位不同。但在雨林里存在着一种关键基石物种，这少数物种的存在，对整个生态起到支撑作用，可以说是生态的骨架。

品牌榕树战略一词的提出，让人能够具象化理解品牌顶层设计的战略架构，将理念和直观的观察结合起来。

从广州出发，驱车100公里，就到了江门市，新会区天马村天马河的河心沙洲，就是巴金老先生的散文《鸟的天堂》中描写的风景。

整个沙洲之上，一棵古老的榕树，独木成林。当地人说，这棵树在这里矗立500年了，从一棵树长成了20多亩的榕树林，并且这棵树已经和这个岛屿完全重叠，这类似于经济组织的边界。当地人介绍说，这片岛屿的存在，是树留住了土，也是土留住了树，这个风景就是在时间的流逝中慢慢形成的。

进入榕树林，根须密布，枝繁叶茂。在榕树下，无数的小物种在此繁衍生息。而在树冠上，有几十万只鸟在此栖息筑巢。从景区的介绍来看，这里有100多种鸟，就像一个巨大的鸟类城市，冬候鸟、旅鸟、留鸟和夏候鸟都会在此停留，来来去去，热闹非凡。这里一年四季都是如此，当地村民说，河水构成了护城河，让鸟儿免遭天敌的威胁，河里的小鱼小虾提供了丰富的食物来源，而长期栖息的鸟儿提供了鸟粪和其他有机物沉积，让土地变得肥沃，让榕树在缺肥的沙洲上拥有一片沃土。

天马河的河心沙洲，就被命名为"鸟的天堂"，它是全国最大的天然赏鸟的乐园之一。

我在服务企业的过程中，一直跟商业界的朋友说，"鸟的天堂"应该成为一个企业家特别是品牌业者的朝圣之地。在这里，可以理解一个品牌企业的顶层设计模式到底是什么样的。

村民们没有经济学背景，他们不知道"品牌护城河"的概念，事实上，一个品牌就是提供了类似于榕树的效用。榕树树干粗大，能够长到25米高，这提供了一个立体的空间；榕树的气根向下生长，接触地面，变成榕树新的支柱，碰到适宜的环境，气根就会变成新的树干，一直向四周蔓延，越长越多，越长越快。

无疑，我们提出的品牌榕树战略中，榕树其实是鸟类天堂的基石物种，没有榕树，这么大的鸟类种群就无法在此安家，鸟类生态就无法构建起来，这就是基石物种所提供的战略纵深。

一种鸟类在江心洲这个生态里生生死死，但榕树不死，这就是品牌榕树战略的意义所在。我们需要继续否定生产者的单一视角，需要从榕树视角来看待不同种群的鸟类，思考榕树能够做什么、鸟类能够做什么，如此，我们就能够理解一种战略框架的意义，打造可持续运营的品牌经济体和生态体。

3. 供应链品牌，餐饮连锁业的战略机会

回顾中国品牌的历史，我们对于品牌经济的认知，都是基于控制的视角和管理的视角，而缺少一种互生共益的视角。

一个与环境共生的品牌，能对环境变化做出最大的适应性调整。在品牌生态内部，品牌经营者表现出对于利润的克制，供应链上的其他经营者也一样保持着对于利润的克制，这种整个供应链的自我约束，意味着对于用户来说，其一直都是最佳选择。高质量和低价格同时产生在供应链中，

这就是真正在经营用户。

企业追求利润最大化，使整个供应链和用户没有获得感的品牌，很难经受住时间的洗礼。我们应明白，用户的选择代表了市场中的底层逻辑。

现在，我们聊一聊餐饮连锁背后的食材供应链生态机会。

餐饮业是和生鲜打交道的行业，具备管理生鲜和建立快速供应链的能力。事实上，每一家优势餐饮连锁企业的背后，都有一个食材供应链，该供应链系统越强大，其服务门店的能力就越强大。

实际上，餐饮连锁品牌具备创立新农品牌的机会，这个新品牌系统类似于"餐饮门店+Costco模式"，餐饮门店凭借自身的辐射能力，建立3公里辐射区和特色食材的数字化生鲜供应网络，这是一个战略级别的机会。

每一个原产地食材，都是餐饮连锁企业的品牌机会。而中国连锁餐饮企业，一般在经营层面较强，但在供应链层面就比较薄弱。在国内，海底捞、西贝莜面村等有自己稳定的供应链体系，而这种供应链体系，实际上就是我们寻找的"榕树"。品牌榕树战略，意味着海底捞这样的品牌企业成为前端，后端的供应链成为Costco，而每一个食材品牌都是栖息在供应链骨架上的产品，就如鸟类天堂里的鸟儿。

品牌餐饮连锁企业的未来在后端，后端的战略能力可以为前端提供服务，前端经营的是一个品牌单元，但后端具备数字时代"无界零售"的特质。

Costco的品牌供应链管理采用一种优选战略，其供应链简洁而高效，只有3700个商品品种，一个细分的商品品类只有一两种选择，这种优选策略，让每一个商品都具备爆款的潜质。Costco 的供应链效率很高，基本是竞争对手的两倍，比沃尔玛的周转效率高三分之一，通过快周转来解决低利润率的问题。

Costco 执行会员制营销模式，这是用户社区的运营。会员体系带来另外一种收益，比如，Costco 的商品利润大约在 10 亿美元，但会员费却达到 24 亿美元。会员具备足够的忠诚度，会员的续订率达到 90%。事实上，Costco 是议价能力强大的买手供应链品牌。

这种运营模式可以为餐饮连锁企业进行特色食材品牌运营提供参考。

事实上，像海底捞这样的以服务见长的品牌，其供应链系统同样强大。这种运营系统已经包含了"从牧场到餐桌""从农田到餐桌"的整个供应链流程。

海底捞只是一个以服务领先的火锅品牌，但它其实拥有更大的运营骨架，巨大的供应链联结着全国养殖基地和种植基地，集团经过拆分，形成了一个个独立的关联公司，从而建立了一个火锅食材的供应链帝国。

在企业的上游，扎鲁特旗海底捞公司负责部分食材的供应；蜀海公司供应链负责食材的采购、仓储和物流配送等。在企业供应链的中游，有专门负责底料和调味料的独立公司；在企业的下游，有独立的公司蜀韵东方负责海底捞门店的装修；企业甚至有专门进行人力资源管理和服务培训的独立公司，这些组合起来，就是一张面向全国的网。

从短期来看，品牌后端实际上就是一个品牌食材的孵化网络。经过知名品牌背书的新孵化品牌，可以借助产业链上溯和下沉，做到及时配送、价格合理和安全保障，这是供应链品牌的价值所在。正如前文所说，品牌经营的本质是信任，将食材农业变成经过品牌认证的品牌农业，这里有更广阔的产业场景。

事实上，国内知名电商品牌京东已经入局餐饮食材供应链几年了。和餐饮企业不同的是，京东是在物流供应链的基础上向品牌农业发起进攻；而餐饮业则是走相反的道路，在后端供应链品牌领域发力，孵化新品牌。在优选和精细化方面，显然，一些餐饮企业的供应链管理具有社区性、毛细性和服务性。

这是一个巨大的产业机会，一些中国中型的连锁餐饮品牌和中小餐饮门店，基本依赖批发市场。行业数据显示，65%的供应链处于开放式的采购状态，对品牌连锁企业的品质均一性造成挑战。因此，京东的食材供应链品牌建设目标很明确：为全国中小餐饮门店构建一条高效、透明的供应链，并推出一套集食材供应、食材认证、菜品研发和门店服务于一体的综合性餐饮解决方案。

第七章 走出去战略

地理即命运，这是历史学者在观察历史的进程后得出的一个结论。对于中国企业品牌走向全球的问题，我们同样需要构建要素思考，那么有一个问题自然产生了：我们从哪里开始走向全球？

本章节围绕品牌走出去的战略，讲述两个内容方向，品牌企业思考如何挖掘原产地文化品牌的特质，使企业品牌成为文化的象征；中国品牌的全球化战略思考的基础元素。

两个方向，一个向内，一个向外，混合在一个章节中。

原产地品牌和城市品牌是重要的品牌战略选择，将品牌变成一个地理文化，才是品牌的内在追求。任正非的品牌追求，有科技的视角，也有历史的视角，即将华为变成一种科技文化品牌，获得历史文化地位。他说："资源是会枯竭的，唯有文化才能生生不息。"很多餐饮连锁企业品牌和一些原产地文化品牌，均有机会参与下一轮的品牌竞争。

做全球化的用户思考，成为全球用户的必需生活元素，这是一种思维方式；进入全球性供应链网络并获得价值链地位，建立高质量、持续的高性价比品牌，这是一种目标。能够进行全球竞争的强势品牌都是直接接触用户，不用假手他人，即全球化品牌需要全球化的媒介网络。中国品牌在建立全球商业品牌文创领域还有很多工作要做。

一、原产地品牌战略

原产地品牌是一种内生经济战略的系统体现。一个发达的经济体，其扩张的基础来自其内生的经济创造能力，而城市品牌和原产地品牌只是一个界面，我们要关注的是原产地品牌背后的驱动系统和驱动结构。

近年来，品牌咨询客户中有了一个新的类型，这些客户是整个城市，或者是作为委托方的城市管理者，其来进行城市品牌管理和原产地品牌管理的咨询。这些新诉求的背后是一种对可持续发展模式的追求，即原产地品牌、城市品牌的定义背后代表了一种和乡土共生的可持续思维。

当品牌经济走到可持续发展模式这个阶段时，必然需要一种内生经济，其思考的单元不是一个企业，而是一个经济体。一个经济体的品牌一定是提供了一种典范的生活方式，而不再局限于一句超级口号。

城市品牌往往是由很多异质的商业品牌、文化品牌和原产地品牌等元素构成的去中心化的品牌叠加认知形态。在原产地品牌背后，其实有一个更大的"乐土"概念，不仅统一了经济，也统一了人文。生活方式吸引力成为原产地品牌的核心价值。

1. 创立原产地品牌的价值

在中国，有原产地但无品牌的产品很多，从原产地走向世界是一个漫长的营销旅程，好在在全世界有很多案例可以借鉴。

从经济史来看，真正的优质资产能够嵌入大众生活中。实际上，伴随百年的东西其实不多，对于很多商业品牌而言，当其开始思考"我要成为原产地品牌"的时候，自然就会流露出一种百年思考。

一个值得做城市品牌的城市，走在城市的街头，街道两边应该都是寿命超过50年或者100年的树，这代表了城市发展过程中的生态良知。城市品牌内涵了文化经济传承的力量，优秀的人文和经济元素能够遗留下来，才是原产地品牌的起点。

西湖龙井茶作为杭州城市品牌的重要元素，已经有1200年的历史了。坐在西湖边的茶楼里，一边看着炒茶师傅们炒茶，一边品茶，这是很多游客来杭州旅游的体验。"色绿、香郁、味甘、形美"就是龙井的特点，未来几百年，人们还会爱上这样的龙井，并且将其作为一种文化记忆。

我们现在观察龙井茶品牌之下的商业经济活动，也许就能理解这个案例的价值。事实上，千年龙井茶原产地品类之下，还有五大企业品牌：西湖牌西湖龙井、贡牌西湖龙井、御牌西湖龙井、狮牌西湖龙井、狮峰牌西湖龙井。这是五家有限责任公司有相对复杂的股权结构，不同类型的股东共享着西湖龙井这个原产地品牌的价值。这些经营主体是原产地品牌的实际操盘人，也是各自品牌价值的维护者。

尽管在西湖龙井的产区内还有一些更小的品牌在按照原产地品牌的原则使用西湖龙井品牌，但排在前面的几家品牌都有历久弥新的特点，其在经营上坚持了几十年甚至一百年之久。原产地品牌并非我们寻常理解的一杯茶,其将需要整个千年工艺完整地传承下来,包括种植工艺、采摘工艺、炒茶工艺、品鉴工艺,这是一整套茶文化的传承。

近年来,很多城市热衷于创立城市品牌,这是基于形象传播学领域的单一视角。杭州城市品牌其实就蕴含在人们走过西湖时那顺风飘过来的一缕茶香。而在这一缕茶香的背后,是世代茶人从历史走向今天、又从今天走向未来的商业实践。他们的子孙还会传承这份事业,而不必东奔西走。对于原产地品牌来说,传承大于寻找,发扬光大才是出路。

从西湖龙井的案例中,我们看到了企业始终是原产地品牌运营的主体,甚至可以这么说,这些人很多都是原产地品牌的既得利益者,但不管多么高大上的品牌,落实到细节的时候,必然都是实实在在的受益人。例如,他们的市场地位类似于拥有矿藏的群体,而且这几乎是永不枯竭的品牌文化资产。

原产地品牌领域是一个抽象的矿场,这是许多企业还看不懂的领域,所以,也是很多本地化扎根的企业想要长治久安的最好领域。

有些原产地品牌是从历史中来的,有的品牌则借助文学作品得到升华。

浙江绍兴咸亨酒店,创建于清光绪甲午年(1984年),是酒乡最负盛名的百年老店。很多人都说中国没有百年品牌,但咸亨酒店就是一家典型的百年品牌,其在晚清风雨飘摇的岁月里经营了一些年,但后来还是歇业了。这家酒店的创办者,乃是鲁迅先生的堂叔周仲翔。

黄酒和茴香豆以及小说人物孔乙己，出现在鲁迅先生的小说中，并且让咸亨酒店名扬海内外，"温一碗醇香的黄酒，来一碟入味的茴香豆"，成了中国人共同的文化记忆。

改革开放之后，经济思维活络的绍兴人找到了机会，咸亨酒店得以重新开业。借助小说巨大的影响力，咸亨酒店一开业，意味着一个具有深厚历史底蕴的酒店品牌的重生。现在，这家酒店已经成为绍兴旅游的城市名片，成为城市品牌的重要元素。

咸亨酒店的案例说明了一个原产地酒店品牌的崛起过程，这本来是一家一百多年前失落的酒店，但因为进行了一种新的文化叙事，对酒店进行了新的文化表达，这就形成了一个机会。咸亨酒店重新开业，实际上就是抢占了一个独特的城市文化符号。和从零开始的酒店不同，咸亨酒店从历史和文化中找到了自己的品牌势能，其起点即是高峰。

类似的故事其实在不同的文化城市上演。香木香羊品牌就是一个寻找西夏文化的品牌。一只盐滩烤羊联系上了千年的故国之旅，其一旦有一个顶级的文学叙事加持，品牌就能一飞而起。

善于从历史之中寻找散落的经典经济文化元素，这些品牌经营者就能拥有自己的文化保护伞。每一个原产地都应该成为人们的目的地，这就是一种品牌收费站的价值所在。当某种文化被品牌实现软性垄断的时候，事实上，品牌就变成了一个收费站的机制，这其中的利益账，企业家当然是会算的。

2. 原产地品牌和内生战略

法国的葡萄酒庄园经济模式，本质上就是一种内生的经济模式。内生经济，从经济学的角度来解释很简单，即一个地方的经济需要有和外界进行交换的内生资源，外界的产品一旦涨价，自己的经济也能够通过涨价将风险对冲。

内生战略的本质其实就是别人涨价我也能涨价以保持自己不吃亏。

现在我们总是在讲城市品牌，实际上，我们需要思考城市的起源。城市因资源而生，因促成交易而生。从长久来看，一个城市不能过于依赖外来的资源和资本，这些都是候鸟经济，一旦环境发生变化，鸟就飞走了。

内生经济的形式其实是建立在贸易基础上的经济对剪游戏。一个县城，如果没有内生经济支柱，本地本来不高的消费能力就有可能被互联网经济剪走，其就失去了内循环能力，或者这种循环会越来越弱。但如果这个县城拥有原产品品牌的生态，则可以在互联网经济的基础上实现发展，使资产良性循环在本地发生。这时，这个地方的经济就有了活力，并处于经济不断增长的通道中。

更厉害的内生经济，能够带来一种具有吸引力的生活方式。比如，人们将成都视为"吃货天堂"，这是因为成都为美食爱好者提供了丰富的选择，同时也提供了一种悠闲自在的生活体验。成都的亲和力就是对一种生活方式的诠释，虽然现在充满了浓郁的商业文化，但相对于其他城市而言，成都正在成为越来越多人的目的地，甚至成为吸纳人才的新中心。

而在成都这个城市的背后，则有无数原产地品牌的元素，其促进了本地消费和旅游消费。原产地品牌的价值就是能够将消费留在本地，形成一种内外循环的经济体，这种生态对于可持续发展是有利的。

可持续发展寄希望于原产地品牌，原产地品牌不仅可以帮助企业赚钱，也可以帮助自己的城市赚钱。城市更有魅力，得益于原产地品牌共聚的生态效应。打造原产地品牌，是一种进可攻、退可守的战略经济模式。

3. 原产地品牌的管理模式

战略正日益成为一门管理自身并不拥有的资产的艺术。这句在生态管理战略圈已经形成共识的话语，用于原产地品牌的管理思想，是合适的。

私人财产和与私人财产紧密相连的"公地"，需要成为企业管理的两个重要部分。企业的品牌资产需要切实维护好，而作为顶部共用的原产地品牌，则需建立一种公共的标准体系以进行统一管理。

我们从沙县小吃的例子来看一种去中心化的战略管理。这是一个拥有88000多家终端店的快餐小吃连锁品牌，仅沙县就有十万人在全国开店，其一年贡献的营业额大约为500亿元。在国内快餐小吃品牌中，这是一种与其他品牌不同的运营管理体系，但其总的营业额超越了一些领先的连锁快餐品牌。正是因为不同，才值得企业组织和政府组织进行深入研究。

早期，沙县当地政府和一些服务部门对全国终端进行系统性的支持，提供金融服务、技术培训和整体的品牌管理，参与者使用品牌统一标识系统和符号，而且在经营沙县小吃品牌之前，参与者需要和品牌管理方签订协议，以保证所有店铺均按照协议设置。

在产品管理上，品牌方有一个产品清单，一共有六十多个产品品种，对于每一个菜品，其制作标准、配料配方、食材管理和店面陈设管理，都有详细的参考标准。

后期，沙县还成立了沙县小吃产业发展管委会，这是中国本土杰出的原产地品牌的管理机构，拥有和一家企业不同的管理模式，类似于日本熊本县熊本熊品牌，但管委会是参与品牌授权和监测管理日常的。

在数字化细节管理领域，沙县小吃已经是一种社会化管理的典范了。从品牌授权和培训管理到沙县小吃整个供应链的管理，沙县小吃借助数字化时代的优势，进行超大规模的升级改造，旗下所有店铺，正在被导入一个完整的数字网络中。在管委会的数字管理中心的平台大屏幕上，能够清晰地看到每一个沙县小吃终端的位置以及物流产品配送的实时情况。

沙县小吃庞大的结算系统和供应链网络建立，为 8 万多家门店提供了食品安全溯源系统，实现了产销一条龙，同时，沙县小吃积极推进门店数字化运营系统，建立社区用户群体，为门店赋能。管委会在收集到每一份食品的消费数据之后，能够清晰地感知到整个快餐饮食市场的变化，并且使用大数据分析，为所有加盟品牌提供经营支持和经营预警。

一个县级政府下属的管委会机构，能够实施面向全国的数字化数据链和供应链的管理，这在全国的县级城市中，无疑是一种创新。

沙县小吃品牌管理模式体现了一个专业型、服务型政府和产业之间的关系。沙县小吃的品牌价值链管理是完整的、系统的，为中国进行原产地品牌系统管理提供了一个范例。

4."一县一业，一县一品"和县域品牌未来

在咨询服务客户中，地方政府特别是县一级的政府对于品牌经济的诉

求很强烈，所以很多人都说，只有真正读懂了县域经济体的治理模式，才能够深刻地理解中国经济。县域经济体是中国经济的基础，其经济发展水平代表了绝大多数中国人的经济水平。

一位县级领导者曾经忧心忡忡地跟我说："由于一二线城市资源的虹吸效应，县域经济体处于风雨飘摇之中。大城市卷走了年轻且受过高等教育的人才，也带走了最具创新精神的企业家，绝大多数县域经济体千城一面，这样的经济体自保都困难，如何参与全球竞争？"

关于这个问题，我认为，县域经济在全球分工和国内分工体系中处于弱势，先进制造业和高科技品牌在县域经济中很难站得住脚，一些大城市边缘的县级市幸运获得了这样的分工机会，但对于中国90%的县域经济体而言，其需要一场发展观念的变革。

大城市的经济是典型的高精尖经济，没有这个产业结构，就无法形成世界级的创新中心，但在县域经济体的发展过程中，其需要重新认识传统经济和高科技产业之间的辩证关系。

即使在"以高科技立国"的美国，算上高科技服务业，美国的高科技产业占比为12%~14%，绝大部分产业是传统产业和服务业。因此，重新审视传统产业，盘活传统产业和实现传统产业品牌化、实现扩张性的品牌经营模式，在县域经济体中是一个核心命题。

意大利米兰在20世纪60年代之前是一个典型的工业城市，金属化工和纺织品领域是城市的主导产业，后来其在20年的转型过程中，变成了时装和时尚产业之都。从产业水平来看，纺织成衣业和鞋帽类产业是第一次工业革命的主导型产业，但在时尚品牌和都市创意工业加持下，其照样成为了高利润产业。米兰城市转型是一个巨大的研究课题，需要进行仔细研究，米兰城市转型的案例，说明纺织成衣业这种被定义为"低端产业"的经济形式，在有效品牌经营的基础上，结合城市定位和设计师品牌崛起的故事，可以获得自己的独特位置，这印证了一句商业表达：很多人觉得靠技术赚钱才是一条路，实际上技术是用来培育市场的，品牌才是用来赚钱的。县域经济体需要认识到，品牌经济是收割市场的核心利器。

韩国釜山本来是一个造船城市，现在已经是一个世界级的文化影视产品的输出策源地之一，这也是值得借鉴的案例。中国的"一县一业和一县一品战略"，其原型就是米兰和釜山这样的城市。类似的思路，县域经济体需要根据前人走过的路并结合自己的实践，在一个专注点上深耕，面向全域市场进行品牌营销。

县域经济体和县域生态型品牌相结合，围绕功能、文化、审美、情感几个维度，进行重新定位、重新包装，将原产地品牌产品脱离出来，然后面向全国和全世界消费者营销。

我对国内的县域经济体转型提出了几点建议：首先，县域经济体需要找到自己的特色物产，用自己的物产来讲故事。一个县域经济体能不能崛起，讲好自己的故事是一个关键。

其次，建立原产地生态品牌管理系统。建立生态品牌不是单线努力的结果，而是能够卷起社会资源，让十万人参与其中，形成产业族群。总有一些人能够以精巧的方式实现突破，总结这些突破，然后用数字化的方式推而广之。

最后，任何商业想做大，都要考虑品牌上下游产业链的利益分配，建立透明的管理机制，在不相信人性的基本假设情况下，数字化和透明化自有其威力。

具体如何去做，我大体可以按照品牌商业规律和县域经济体的难处提出几个建议：

第一步，按照品牌的基本逻辑进行标准化操作。商业品牌需要在第一天就实现盈利，因此，最好选择已经跑通的商业产品，这对于具体管事和做事的人非常重要。

第二步，进行面向用户的产品迭代。从一般营销行为过渡到品牌营销行为，品牌故事和一系列元素都要精准修正，直到一箭穿心。

第三步，建立更优化的产业链。将产学研跑通，围绕原产地产品，逐步投入科技研发力量，实现衍生链条的产品创新。比如，露营经济做帐篷，这些都是普通的化纤纺织品缝制产品，但出于对超级保温材料的需求，这个县域经济体就可能展开对超级气溶胶的研究，这种侧链创新往往能够带来世界级的新材料企业。这是全世界品牌技术经济的一般发展路径。

第四步，进入基础科技领域，结合已经开展的营销活动。进入基础材料和基础原理的创新领域的好处是能够通透全产业链的知识，最终，在小县城里也能拥有世界一流的科技开发人才团队，从而融合营销的力量、科技的力量和品牌的力量。所有的品牌产业，最终的竞争一定依赖人才天团。

品牌不是找人的商业模式，品牌一定是关于留人的经营哲学。在构建县域经济体的品牌进程中，最终呈现的样式是一个"一、二、三、四产业综合产业"，科技的力量、大众的参与和文化叙事，成为县域经济体腾飞世界的"战略三角"。

二、全球化品牌战略

品牌竞争就是一种重新参与竞争的形式，营销竞争已经进入了高级阶段，基于单一元素胜出的品牌战略越来越少，品牌替代性竞争已经是一种常态。中国品牌走出去的过程，也就是原来的国际品牌出让部分市场，或者国际品牌被替代的过程。这是一场观念层和商业层的残酷持久搏杀。

对于用户有利，是中国品牌走出去的原点，离开这个原点，是拿不到市场份额的。

海外品牌的道路是系统制胜，中国品牌的全球道路，需要建立一种生态，去替代另外一种生态，即需要中国的全球性企业来提供基础骨架，培植一棵覆盖全球的大榕树，实现"一物生，万物生"的生态系统构建。

我们能够预测，中国的全球营销网络这一张大网可以建立起来。就如娃哈哈集团的品牌支持网络覆盖中国一样。这是一个另起炉灶的过程，中国的全球营销必须有一个另起炉灶的过程。中国将有数目巨大的海外仓，网格式的海外仓储和全球化的配送体系，以及全球化的数字零售平台，是中国人自己建设的商业通道。

当这个全球战略架构全部建立的时候，借助整个价值链效率，直接接触海外用户，让本地人推广中国品牌，替代当地品牌，中国的世界级品牌才能一个一个树立起来，中国才能成为世界级的品牌大国。

1. 软件生态思维的战略映照

品牌的作用过程，是一种典型的"文而化之"的过程。

一件商品在全球扩张的过程中，借助航空物流网络，可以在三天内送达；但品牌是另一种哲学，世界级的品牌进入新市场，往往需要20年时间，才能够在用户心智中占有一个位置，而国际品牌的一般时间规律，不能违背。

不紧不慢的品牌运营哲学需要进入国际品牌的运营系统中，以一种文化传播的态度，细水长流。在认识论上，有快商品，没有快品牌。品牌是在用户使用产品过程中产生的体验总和，我们必须接受这个持久渗透的过程。

中国企业的品牌出海处于一个数字化经济时代。数字化是经济领域最大的趋势，这是毋庸置疑的。中国的供应链品牌，如京东、天猫等，正在进行全球化布局，实际上，这些供应链品牌全部建立在数字化的基础上，这是一种高位的生态竞争。

一旦在高位的数字化供应链品牌平台竞争失利，中国商品的全球化营销的饭碗就会一直放在人家的锅台上。赢得数字化竞争，是这个时代的制高点。

从某种程度上讲，中国的巨型互联网公司仅仅完成了对于中国地理的覆盖，而对于周边市场的部分覆盖才刚刚开始。

供应链品牌的出海，可以为中国的商品品牌提供战略支撑。因此，建设全球供应链品牌，就是建设全球化营销网络的基石物种。而一个供应链品牌，可以跑出成千上万的品类品牌。这是 Costco 给我们的战略启示。

中国品牌零散出海，其成本必高，因为竞争对手已经形成了一个完整的生态，他们会努力将中国商品置于价值链利润比较微薄的环节。

一个生态和另一个生态的竞争，本质上比的是什么？其实还是谁更懂用户，谁能给用户更大的利益空间。在这样的领域，中国制造已经提供了战略基础，中国的数字化基础设施和本土经验正在提供实践经验。我们现在能够看到，基础元素正在聚集成为一个数字智能社会结构，这将改变商业，也会改变品牌的发展路径。

现在，中国品牌在海外的境遇很像软件生态。在桌面领域，Windows 系统占据了统治地位；在移动领域，安卓和苹果系统占据了统治地位，其最底层的系统几乎是免费的，这看似是被占便宜，但是这样，后来者的系统就无法建立生态。这种完全放空利润，甚至制造出需要长期做战略投入的负利润空间，就是国际软件品牌企业留给中国企业的生存空间。任何一个后来者都被自动流放到无衣无食的苦寒之地，战略环境之恶劣，可想而知。

我们如果计算代价的话，拿免费的系统来说，每一天的损失非常少，但从一个完整的周期时间来看，付出的代价则超乎想象。新生态中的战略物种刚开始落地生根的时候，其实也是脆弱的。而这种脆弱性就是中国软件业的写照。整个数字世界都运行在别人的数字领地里,留给中国软件企业的生态闯关机会极其有限。

用户一旦在生态里形成了体系性的习惯,则很难改变,这种体系惯性至少能够延续一代人的时间。这就是前文描述的基础时间,这也是为什么一个企业创立品牌需要二十年时间。

软件生态思维对于中国品牌出海的战略映照,具有启示作用。运行在别人的系统上,顺应别人的习惯,路径依赖越走越深,回不了头,同时,战术勤奋也不会产生战略价值,因为你不得不顺应别人的游戏规则,任何努力创立的品牌都是价值链品牌的子品牌。复制和超越别人的单一产品和品牌难以撼动别人的生态。而没有生态意味着失去了纵深空间,也就自动丧失了部分定价权。

软件正在吞噬世界,中国在数字化应用市场占据了有利地位。历史还是给了中国品牌走出去的战略机会,那就是数字化智能社会的到来,中国可以从数字新大陆展开竞争,从内容生态和其他数字服务生态入手,通过迂回战略建立自己的超级供应链品牌。

2. 打造可控的全球超级生态链品牌

在某种程度上,出色的供应链品牌帮助用户完成了一次挑选,Costco就是供应链品牌的一个案例,甚至有一部分消费者认定供应链品牌,这是品牌中的新物种。一旦先行者在中国做出了战略级别的供应链品牌,后面的企业想要参与生态竞争,竞争难度会以指数级增加。

小米模式在手机生态链的基础上，深度借鉴 Costco 模式的核心，坚持高质低价的用户立场，已经为上千生活品牌提供了营销通道。小米模式具备全球复制价值，可以为中国的品牌出海提供一个基础案例。这是供应链品牌带动众多品牌一起起飞的生态集群游戏。

全球品牌运作的竞争制高点已经发生改变。之前，我们理解的市场，打造一个超级符号，就可以撬动市场，但是前沿的企业竞争的核心已经转向了供应链品牌。追求在价值链上的地位，已经成为兵家必争之地。在跨国竞争中，超级生态链品牌是新的竞争场景。

超级符号、超级口号和超级生态链品牌，是中国品牌企业占据全球消费市场的三大核心要素。超级符号和超级口号都是品牌表达的极度浓缩，这很好理解。超级生态链品牌建设需要很长时间，中国的工业互联网和消费互联网需要进行战略融合，形成几个全球性的融合媒介、供应链、价值链、仓储和巨大用户基础的全球数字渠道品牌。

国际超级生态链品牌的初步建成，才是中国品牌翻身的时候。

一些餐饮品牌的出海进程仅仅是做了一点战略级别的布点，比如永和豆浆在全球贴近华人市场的地区开了几十家店，这些只是一些经营试探，没有规模化，也没有形成规模供应链的品牌管理能力。从现阶段和短期观察来看，这是一种正常现象，也代表了中国企业在生态竞争中的正常水平。

"要想富，先通路"这是中国开放成功的秘籍之一，其实在中国品牌走向全球的过程中，也需要同样的内在逻辑。

国际超级生态链品牌的打造，需要新一代企业家在全球创立龙头企业，长期和用户直接互动，让用户产生依赖路径和生活习惯。用户的社交性、生活性习惯能够在中国人可控的互联网平台上进行表达，然后经过漫长时间的沉淀，品牌才能够成为超级生态链品牌。

中国制造和中国品牌能够快速进入国际超级生态链，无须进行复杂的跨国跨境程序，平台能够提供相关服务，让中国品牌快速进入全球市场。这种合一型的平台，正是未来中国品牌顺利出海的战略渠道。

3. 拥有跨文化媒介是顶级要务

按照麦克卢汉的观念，"媒介大于内容"，拥有媒介就是拥有影响社会运行的直接权力，引导经济选择和走向。舆论工具是品牌运营者的战略工具。中国品牌在走向全球市场的过程中，缺少自我表达的媒介，而一旦失去自我表达的媒介，中国制造和中国品牌将成为竞争者的表达对象，被品牌竞争者定义，这种品牌话语权的缺失，会导致极大的文化误解。而企业可以通过系统性的内容输出来把握品牌表达的话语权。

《海底捞你学不会》就是一个企业的系统表达。企业不做系统的内容输出，外面的世界是不可能知晓企业的所思所想的。

关于一个品牌企业到底是如何运营的，除了超级符号、超级口号，还有系统表达。以海底捞为例，这家企业在2010年和知名商业案例研究专家黄铁鹰进行对接，写了一本关于海底捞运营细节和流程的管理书籍。海底捞创始人张勇比较开放，允许黄铁鹰采访企业的所有高管和一线服务员，并且跟黄铁鹰表达了一句话："你实事求是撰写稿件，我不审稿。"

这本书的名字叫作《海底捞你学不会》，黄铁鹰用客观的第三者视角进入企业，通过观察和访谈，将企业故事列出来，没有大道理，只有一个个员工发挥主观能动性的案例。这些故事很鲜活，有服务员和用户之间的故事，也有服务员的住宿和洗衣等生活细节的故事。管理层信任服务员，给予一线服务员很多创造性服务的鼓励措施，在这一服务体系下衍生出很多故事。如果企业愿意，这些故事还会不断产生、不断传播，同时也让企业成为故事工厂。

图书作为一个系统性的内容工具，对用户认知起到非常强的引导作用。媒介强大的特质在于传达内容的时候提供强有力的视角，促进视角转变才是媒介的秘密。《海底捞你学不会》虽然是中立写法，但企业故事被融入很多商学院和案例研究中。关于这本书表达的价值，一个传媒研究院做过评估，其大体相当于8000万元广告费的传播效能。

中国品牌的全球理念表达，从本质来讲，内容还是那些内容，但表达的视角一定是中国品牌的视角，视角定了，支持是善意的，批评也是善意的。中国和世界顶级媒介霸权的竞争，是未来几十年国际竞争最激烈的领域之一。从某种程度来说，这是国际竞争的制高点。

我们总是在说文化冲突，事实上，我们需要洞察媒介到底掌握在谁的手中，媒介的视角决定了谁是朋友，谁是敌人。商业领域更是如此，视角一变，就根本没有什么文化冲突，所谓品牌文化冲突，都是视角引导和转变的问题。

新型的超级生态链品牌基本都是从媒介霸权入手，以媒介势能和媒介视角为基础建立生态链。

全球工业互联网和消费互联网的统合，需要中国数字化龙头企业继续努力，形成全球化的媒介引擎，直面全球媒介巨头，跟随着千万个中国品牌，形成全球表达体系。

4. 全球化品牌运营的基因

（1）分享基因

品牌做得再好，也是被挑选的对象。对于品牌经营者而言，没有任何骄傲的资本，只能战战兢兢地将自己打扮到最美的状态，练好平时已经准备好的台词，然后出来竞选，并期待一个一次被选中的机会。

品牌经济就是旧电视剧里的熟悉场景，品牌站成一排，等待着客人们的过目挑选。在商业竞争中，品牌有出场的机会，已经是最好待遇了。

工业家的时代早已过去，自我奋斗型的企业家时代也将结束，拥有分享精神的新企业家正在消费群体里崛起，围绕消费者主权的崛起，才是下一个时代品牌存活和发展的核心理念。在理念层面上，供给侧的工业品牌有自洽的使命和逻辑，而在全球营销市场，消费者主权是一切商业行动的指南针。

一个国际品牌，需要有分享的基因。利润和分享并不是对立的，而是辩证统一的，这应该是未来企业品牌的运营哲学。

未来是制造业自动化和智能化的大时代，资本所积累的"数字智能化剩余价值"，越来越受制于消费资本，这就是任正非对中国未来经济地位的一种预测："中国最大的武器就是十三亿人民的消费。"300年来，权力主要集中在供给资本端，而在数字智能化社会中，权力已经发生了转移。一个新的品牌时代已经到来。

和用户站在最近的地方，一起榨取供给侧的剩余价值，才是未来品牌应该做的事情。消费资本正在牵引供给资本，这是中国品牌经验的基本模式，品牌商不再是卖手，而是对用户有价值的买手。

寻求生态性的价格落差依然是颠扑不破的基础商业模式，只有少数文化品牌能够逃脱价格竞争体系。

（2）文化基因

之前，我们以为一个国家的文化是不可置疑的价值系统，现在一个国家的文化正在被全球媒介打包，分发到全球市场，供全球消费者挑选。接受文化挑选也是一个商业事实。

一个文化体系下的多个品牌，在进入国际市场的时候，需要提供共同的文化视角和媒介视角，需要自觉维护自己的总体文化形象。那些已经走出去的人需要理解一个事实，一旦总体文化被置于边缘地位，海外的企业、品牌和个体都会被顺位置于边缘地位，文化竞争是企业品牌的顶层结构。

每一个企业品牌在全球市场运营的时候，都被自动嵌入了本土的文化基因。而融入全球化的过程是一个苦难的行程。即使是一个市场扩张者，也需要付出高昂的代价，仅在欧洲通往亚洲的航道上，就有350万艘沉船。

表面上，中国品牌走向全球成为全球强势品牌是一种经济行为，但放在历史的长河里观察，其却是东方和西方文明接触、和解和融合的进程。

两个品牌生态系品牌竞争的核心，是文化竞争，两个文化一见面，比较是天然会发生的，这是宿命。文化强国和品牌强国是一体两面的事情。这种宏观和微观视角能够统一的认知基因，也是国际化品牌的内在素养。

国际化品牌是一种跨文化基因的嫁接，嫁接的过程比较痛苦，可能需要经过百年的反复历练，因此，必须具备耐受苦难的基因，每一个中国品牌的出海，都是一艘漂泊在文化海洋里的小船。而越是苦难的时候，越需要往下扎根，集聚面向全球用户的核心服务能力，提供给用户实在的利益，然后将一切交给时间。

（3）数字化

数字化时代的全球生态链品牌竞争，已经没有几个战略级别的玩家了。只有那些完成工业4.0的大经济体，才能够建立全面数字化和智能化的市场生态。数字化供应体系就是交易双方的智能匹配能力，数智化转型是指从战略到业务，组织，技术，运营的全链路、全要素、全场景、全触点、全网全渠道，全生命周期的解构、重构和持续优化的过程。

生态之外的那些单一品牌，无法适应全球一体的数字化环境，即"社会经济的操作系统"，根本无法参与竞争。

商业品牌可能会带来发展观的根本变化。全球化的生态文明思维正在新经济的边缘蔓延开来，能够和环境实现持久共生的品牌基因将会深入人心。数字资产和消费侧资产将成为人类的主导性资产。

企业的权力已经转移到了企业外部，品牌资产和数字资产正在成为主导性的财富。我们这个时代，总是看不见的东西更值钱。

后记

谈谈"事业理论"

理论是实践的总结、是经验的结晶、是指导行事的有效方法。个人与公司的成功都有自己的"事业理论"。

什么是"事业理论"？企业生存的根本，是能为社会承担某一方面的责任、解决某一方面的问题。这就需要有一种理论来指导企业的经营发展。这个理论是从经验中得来的，是你对自己事业的独特认知，包含独特的角度和系统的方法论，俗称"事业理论"。

我也有自己的"事业理论"：用全局思维思考，用系统方法做事。

品牌战略是企业战略的重要部分，因此需要具有全局战略思考意识，例如产品结构、核心业务、品牌定位、广告创意、包装设计、推广策略等，这些要素是不可分割的。为了做好这件事情，还要把这些看成一件事，用系统的方法来做，不能分散来做。

关于效率，商业界早有定论——系统效率大于独立效率之和。企业效益好不好就看其是否发挥了系统效率。

实践中，我们会发现客户会找甲公司做品牌战略，找乙公司做包装设计，再找丙公司做广告创意，还找丁公司做营销传播……其实这种将系统营销的结构分割成细小散件的做法，很难将品牌战略的一致性贯彻到底，不仅不能发挥"1+1>2"的效果，还增加了大量的沟通时间成本、乙方对核心思想的理解时间成本，每一家合作的公司都要重新理解品牌，每一家公司都为了做好自己的那一份，是片面的、孤立的，没有站在一个全局的高度来统筹思考、保持始终如一。

所谓谋局成势，高屋建瓴，我们每一次进行品牌顶层设计，都要从全局的角度思考，并用系统的方法做事。

用专心、专注成就专业

时光荏苒如白驹过隙，人要在有限的生命里做出成绩，唯有聚焦到一个领域，用专心、专注成就专业，方能成为某个领域的行家里手。

怎样成为某个领域的行家呢？有一个一万小时定律——我们在每个专业领域坚持一万小时的学习与研究，就能成为某方面的行家。

其实，要成为某个专业领域的行家，一万小时的学习是不够的（当然某些天才例外），比如品牌营销行家，其所涉及的知识面较广，包括心理学、经济学、广告学、传播学等学科，为了达到更精通的专业水平，可能需要两万小时、三万小时，甚至更久。同时，品牌营销是一门实践为主的学科，除了学习书本知识、研究成功案例，还要走向市场，积极将所学的方法带入品牌营销的实践活动中，不断在实践中总结经验。

专注，是脱离现实世界的妙门、是抵达超体验的唯一路径。专注了，才会把力量收紧，形成穿破障碍的力量，才不至于停滞不前。

俗话讲"冰冻三尺非一日之寒"。相信只要我们专注一件事，坚持十年、数十年甚至一生，即便是平凡的工作也可以做得非凡。

我就要把品牌营销这个平凡的事情，用一生的时间去做，把这件事情做到极致、做到一个高度，为更多的企业服务。

宁可被低估，也不可被高估

在弱肉强食的竞争时代，以虚怀若谷的谦逊姿态面对客户，何尝不是一种精神？

我现在无论是与客户在前期沟通，还是合作，都深深铭记和君集团董事长王明夫先生的话——"宁可被低估，不可被高估"，始终保持不夸夸其谈、不肆意鼓吹的谦逊态度，其成为我待客行事的态度与准则。

"宁可被低估"是生存哲学。被客户低估了，如果合作不成，双方没有损失，合作不成情意在，说不定双方今后重新认识，未来还有合作的可能。如果合作成功，客户低估了我们，也是好事，我们后期会做得很顺利，每一次给客户提交的项目成果，都可以为客户带来惊喜、超越客户的期待，让客户觉得花的钱很值，对我们的服务满意度自然也就很高，也就更加信任我们。

"不可被高估"是合作智慧。如果因为我们的吹捧，被客户高估了，即便合作了后期也会带来很多麻烦，因客户期望过高，这个期待一旦超越了我们的能力范围，客户就对项目成果不满意，就会失去对我们的信心与信赖，所以要想合作长久，我们的专业水准就不要被高估。

由于坚持这个准则，与我合作的客户的满意度都很高，这些年也积累了很多回头客。凡事都有利弊，也因为这个准则，让很多客户在初期洽谈时没有获得足够的信心，未能达成合作，这个也无憾。所谓，合作有缘人，弱水三千只取一瓢。

"人生如莲"理当"三度修炼"

我作为和君咨询资深咨询师，深受和君集团董事长王明夫先生的胸怀、格局影响，其中"人生如莲""三度修炼"思想让我终生受用。

"人生就像是睡莲，成功是浅浅地浮在水面上那朵看得见的花，而决定其美丽绽放的，是水面下那些看不见的根和本。莲花初绽，动人心魄，观者如云，岂知绚烂芳华的背后，是长久的寂寞等待和生根固本，君子务本。"

对于"三度修炼"，王明夫先生这样解释："态度决定命运、气度决定格局、底蕴的厚度决定事业的高度。"人之态度、气度、厚度，犹如莲之根本。

态度决定命运。态度是性格的直观体现，人们常说性格决定命运，其实更深一层来说是态度。"努力不一定成功，不努力一定不成功"，这个态度让姚明成为著名球星。

气度决定格局。所谓"宰相肚里能撑船"就说明宰相的度量大、格局大。气度修炼，日积月累，功到自然成，功不到，自然不成，为此，穷其一生也值得。

底蕴的厚度决定事业的高度！真正的事业远行者，必须回到生活常态和朴实无华上来，把对理想的追求、志向的落地、底蕴的蓄积、胸襟气度的养成等，转变为一种天长日久、平淡如水的生活常态。

刘述文
2023 年 1 月于深圳